CATALOGUE

DE LIVRES

RARES OU CURIEUX

EN VENTE

AUX PRIX MARQUÉS

PARIS

THÉOPHILE BELIN, LIBRAIRE

29, Quai Voltaire, 29

29e Année — Avril 1903 — N° 27[illegible]

1015. **Achillis Tatii** de Clitophontis et Leucippes amoribus lib. VIII. Longi Sophistæ de Daphnidis et Chloes amoribus lib. IV. Parthenii Nicæensis de amatoris affectibus lib. I. Iterum edita grèce ac latinè. *In Bibliopolio Commeliniano* (*Heidelbergæ*), 1606 ; in-8, mar. rouge, dos orné, comp. et entrelacs, tr. dor. (*Rel. anc.*). 250 fr.

PREMIÈRE ÉDITION, avec titre renouvelé, du texte grec de ce roman.

1016. **Actions célèbres** des grands hommes de l'Europe (par Maréchal) avec leur portrait, imprimé en couleurs... *Paris, Bastien, l'an VI* (1798) ; 2 vol. in-4, mar. rouge, dos orné, dent., doublure et gardes de moire bleue, tr. dor. (*Rel. anc.*) 300 fr.

Ouvrage très rare orné de 86 (sur 88) figures gravées en couleur par *Mongin, Sergent, Mixelle*, etc.
Cassures en marge de cinq planches.

1017. **Addison**. Caton, tragédie traduite par M. A. Boyer. *Amsterdam, J. Desbordes*, 1713 ; pet. in-12, front., demi-rel. dos et coins de veau rouge. 5 fr.

Jolie édition provenant de la bibliothèque d'Arthur DINAUX.

1018. **Affetti** a Giesu addolorato devotamente contemplati dal sacerdote don Francesco Laguzza, della città di Randazzo, Padre della primaria, e venerabile congregazione di Giesu e Maria nella nobile, ed esenplare città di Messina. *Messina, Paolo Bisagni*, 1671-1672 ; 2 vol. in-4, mar. fauve, dos orné, comp. de larges dentelles sur les plats, tranches ciselées. (*Rel. anc.*). 200 fr.

SUPERBE RELIURE avec les ornements à l'éventail.

1019. **Alciati** (Andreæ) jurisconsulti clarissimi Emblemata. *Lugduni, apud Mathiam Bonhomme*, 1548 ; in-4, mar. brun, fil. et dent. à froid, milieux dorés, tr. dor. (*Lortic*). 120 fr.

Texte encadré et 128 figures gravées sur bois.

1020. **Alciat** (A.). In D. Andreæ Alciati emblemata succincta commentariola. Sebast. Stockhamero Germano autore. *Lugduni, apud Joannem Tornæsium et Gul. Gazeium*, 1556 ; in-16, prép. pour la rel. 25 fr.

Édition en caractères italiques, ornée de 113 gravures sur bois.

1021. **Alciat**. Fr. Sanctii Brocensis, Comment. in And. Alciati Emblemata. Nunc denuo multis in locis accurate recognita, et quamplurimis figuris illustrata. *Lugduni, apud Guliel. Rovillium*, 1573 ; in-8, fig., veau fauve, fil., milieux. (*Rel. anc.*). 30 fr.

Figures sur bois. Exemplaire dans une reliure contemporaine de l'édition.

1022. **Alciat**. Omnia Andreæ Alciati V.C. Emblemata, cum commentariis, quibus Emblematum aperta origine mens auctoris explicatur, et obscura omnia, dubiaque illustrantur. Adjectæ ad calcem notæ posteriores per Claud. Minoen. *Parisiis, apud. Steph. Valletum*, 1589 ; pet. in-8, fig., basane. 12 fr.

Figures sur bois.

1023. **Allard** (Guy). Nobiliaire de Dauphiné, ou Discours historique des familles nobles qui sont en cette province ; avec le blason de leurs armoiries. *Grenoble, R. Philippes*, 1671 ; pet. in-12, veau. (*Rel. anc.*) 50 fr.

Volume fort RARE.

1024. **ALMANACH CURIEUX** et instructif pour l'Année 1758. Dédié et présenté à Monsieur Thiéry par son très humble et très obéissant serviteur et fils Thiéry. *Paris*, 1758 ; in-12, mar. vert, dos orné, dent., tr. dor. (*Rel. anc.*). 800 fr.

Ce volume en son entier, texte, calligraphie, ornementation est l'œuvre de Luc Vincent Thiéry de Sainte-Colombe.

Le texte comprend : un calendrier, diverses notions astronomiques et géologiques et quelques petites pièces de vers sur les saisons ; il est orné d'un certain nombre de dessins à la plume.

La reliure porte sur les plats les armes accolées de M. et Mme THIÉRY DE SAINTE-COLOMBE, père et mère de Luc Vincent Thiéry.

Luc Vincent Thiéry de Sainte-Colombe était l'arrière-grand-père de M. Eugène Paillet ; il fut longtemps occupé sous Louis XV et Louis XVI dans les bureaux de la guerre. Il dessina des vues de villes et de monuments. Il s'occupa aussi de la publication de divers Guides à Paris. Dans sa vieillesse, il s'était retiré à Soissons, chez son gendre, le docteur J. B. Paroisse.

1025. **Almanach littéraire** ou Etrennes d'Apollon. *A Athènes et se trouve à Paris, chez les libraires des années précédentes*, 1783 ; pet. in-12, mar. rouge, dos orné, fil., tr. dor. (*Rel. anc.*). 20 fr.

Très-intéressant recueil de pièces en

vers et en prose par Rivarol, Voltaire, Le Gay, Le Mierre, de Boufflers; lettres de Voltaire, de Montesquieu, de J.-J. Rousseau; dialogue entre la Mode et la Raison par M. de la Dixmerie; bons mots, diversités curieuses; notices sur les principaux ouvrages, mêlée de traits piquants; anecdôtes historiques, etc.

1026. **Almanach**. Calendrier de la cour. *Paris, Hérissant*, 1780. — Almanach royal. *Paris, d'Henry*, 1780. — Etrennes mignonnes curieuses et utiles. *Paris, Durand*, 1780, cartes. — Ens. 3 ouvrages reliés en 1 vol. in-24, mar. rouge, dos orn., fil., tr. dor. (*Rel. anc.*). 10 fr.

1026bis. **Alphand**. Les Promenades de Paris. Histoire, descriptions des embellissements, dépenses de création et d'entretien des bois de Boulogne et de Vincennes, des Champs-Elysées, parcs, squares, boulevards et des promenades de la ville de Paris. *Paris, Rothschild* (1868-1873); 2 vol. in-fol., demi-rel. mar. vert, dos orné, tête dor., éb. 125 fr.

80 gravures sur acier, 23 chromolithographies et 407 figures sur bois.

1027. **AMADIS DE GAULA**. Los quatro libros de Amadis d' gaula nuevamente impressos ꝛ hystoriados. 1533. (A la fin :) *Acaban se aqui los quatro libros del esforçado & muy virtuoso cavallero Amadis de Gaula fijo del rey Perion y de la reyna Elisena..... El qual fue impresso en la muy inclita y singular ciutad de Venecia por Maestro Juan Antonio de sabia impressor de libros. Alas espesas de M. juã Batista pedrazano e cõpaño Mercadãte de libros esta al pie del puẽte de Rialto et tiene por enseña una torre. Acabose en el año del nacimiento de ñro salvador jesu xp̃o. de.* MDXXXIII (1533). *A dias vij del mes de Setiembre. A laude del omnipotente señor dios y de su gloriosa madre. Fue Revisto. Corrigiẽdolo de las letras. que trocadas de los impressores erã. por el Vicario del valle de cabeçuela Frãcisco Delicado Natural de la peña de Martos* (1533); in-fol., fig. sur bois, mar. brun, dos orné, fil. et comp. dor. et à froid, fil. int., tr. dor. (*Bedford*). 500 fr.

Édition très rare, imprimée à longues lignes, en caractères ronds. Elle se compose de 6 ff. lim. non ch. pour le *Prohemio del corigidor delas letras mal endereçadas* et la table des chapitres et de 350 ff. ch. de texte. Le titre général et les titres de chaque livre sont en caractères rouges; ils sont ornés de la même figure sur bois. Le texte est enrichi des vignettes qui se trouvent dans les éditions de 1519 et 1531, mais qui ont été ici regravées.

Cette édition manquait à la collection Salvà.

Bel exemplaire, très bien conservé, avec les initiales, laissées en blanc, peintes en rouge et bleu. Timbre sur le titre.

1028. **Ambert et Aubry**. Esquisses historiques des différents corps qui composent l'Armée française, par Joachim Ambert. Dessiné par Charles Aubry. *Paris, A. Degouy*, 1835; in-fol., demi-rel. mar. violet, dos orné. 60 fr.

Un frontispice et 13 planches représentant les costumes des principaux corps de troupes lithographiés par *Aubry*.

1029. **Amusemens** (les) de la Campagne contenant la description de tous les jeux qui peuvent ajouter à l'agrément des jardins, l'histoire naturelle, etc., et tout ce qui peut charmer les loisirs de ceux qui habitent la campagne, recueillis par plusieurs amateurs et publiés par M. A. Paulin Desormaux. *Paris, Audot*, 1826; 4 vol. in-12, br. 20 fr.

40 planches gravées en taille-douce.

1030. **Anacréon**. Odes d'Anacréon traduites en françois avec le texte grec, la version latine des notes critiques et deux dissertations par le citoyen Gail. *Paris, Didot l'aîné, an VII*; in-4, demi-rel. veau rouge, *non rognés*. 25 fr.

Portrait en deux états par *Lebarbier*, gravé par *Gaucher*. Figure par *Boichot*, gravée par *L. Petit* et 17 pl. de musique gravées : Ode I. Sur la lyre d'Anacréon, mise en musique par Lesueur. L'amour mouillé, musique de Chérubini. Ode XIX, musique de Méhul. L'amour piqué par une abeille, musique de Gossec.

1031. **Aneau** (Barthélemy). Picta poesis. Ab authore denuo recognita. *Lugduni, apud Ludovicum et Carolum Pesnot*, 1563. (A la fin :) *Lugduni, Mathias Bonhome excudebat*; in-16, fig., veau racine, dos orné, dent., tr. dor. (*Rel. anc.*). 70 fr.

Ouvrage orné de 105 jolies vignettes sur bois que l'on attribue généralement à *Bernard Salomon*, dit le *Petit Bernard*.

L'auteur cite à la fin de son livre divers accidents ou événements mémorables arrivés de son temps dans la ville de Lyon : en 1540, celui de M. de Corberon et de deux de ses amis sur lesquels une maison s'écroula ; en 1552, celui de Fr. Peloux, enseveli pendant sept jours dans un puits; la naissance d'un chat phénoménal, etc.

Exemplaire avec des notes de François de Neufchâteau, et provenant en dernier lieu de la bibliothèque de FIRMIN-DIDOT.

1032. **Annales** administratives des bibliophiles contemporains. Premier exercice 1889-1890. — Cinquième et dernière année 1894 ; 2 plaq. in-8, br. — Annales littéraires des bibliophiles contemporains, recueil de l'académie des beaux-arts pour 1890 ; in-8, br., pap. de luxe. — Annales littéraires et administratives des bibliophiles contemporains, années 1892-93-94, papier de luxe ; 3 vol. in-8, br. Ensemble 6 vol. in-8, br. 40 fr.

Figures sur bois, portraits gravés, croquis, etc.

1033. **Annales** poétiques ou almanach des Muses depuis l'origine de la poésie française, redigées par Sautreau de Marsy et Imbert. *Paris*, 1778-1788 ; 40 vol. in-12, demi-rel. veau fauve. 60 fr.

Bel exemplaire.

1034. **Annales** de la Société académique de Nantes et du département de la Loire-Inférieure. *Nantes, Mellinet*, 1830-1865 ; 36 vol. in-8 br. et en livraisons. 80 fr.

1035. **Anne de Bretagne**. Le Livre d'heures de la reine Anne de Bretagne. Traduit du latin et accompagné de notices inédites par M. l'abbé Delaunay. *Paris, L. Curmer*, 1841 ; 2 vol. gr. in-4, mar. rouge jans., doublé de tabis bleu, tr. dor. 600 fr.

Très bel exemplaire de cette magnifique reproduction par la chromolithographie du célèbre manuscrit d'Anne de Bretagne, chef-d'œuvre de l'art du miniaturiste au début du XVIe siècle.

Le second volume est en demi-rel. dos et coins mar. rouge, tr. dor.

1036. **Anselme** (Le P.). Le palais de la Gloire, contenant les généalogies historiques des illustres maisons de France, et de plusieurs nobles familles de l'Europe, où est compris l'origine, le progrez et la fin des diverses familles avec leurs éloges. *Paris, Pierre Bessin* ; in-4, veau granit, dos orn. (*Rel. anc.*). 40 fr.

Cet ouvrage forme la deuxième partie du *Palais de l'honneur*.

1037. **Antonin** (Saint) de Florence. Incomencia uno confessionale volgare d'l reverendissimo padre beato frate Antonio arciveschovo di Firenze : intitulato Specchio di conscientia el quale e libro degno e utile a chi desidera di salvare lanima. *S. l. n. d.* (1488) ; pet. in-4 goth., mar. rouge, fil., tr. dor. (*Derôme*). 150 fr.

Il existe trois ouvrages de cet auteur sous le titre de Confessionale ; celui-ci, le Miroir de l'âme, est considéré comme le premier écrit par l'archevêque de Florence.

Edition rare, non décrite, comprenant 106 ff. non chiffrés sign. *a-l* par 8, *m* par 6, et a-b par 6.

Quelques petites taches. Exemplaire dans une reliure très fraîche.

1038. **L'APOCALYPSE SAINCT JEHAN ZEBEDÉE**, ou sont comprinses les visions et revelations que icelluy sainct Jehan eut en l'ysle de Pathmos ; le tout ordonne par figures convenables selon le texte de la Saincte Escripture. Ensemble les cruaultez de Domicien Cesar, 1541. (A la fin :) *Et fut achevé ledit livre d'imprimer le xxviie jour de May*, 1541, *pour Arnould et Charles les Angeliers frères ;* in-fol. goth. à 2 col., fig. sur bois, mar. bleu, dos orné, fil., compart., coins et milieux, dorure à petits fers, tr. dor. (*Rel. anc.*). 10.000 fr.

Le titre de ce précieux volume est entouré par un très bel encadrement gravé sur bois, et de charmantes petites figures également sur bois d'un style aussi élégant que parfait illustrent le texte.

Superbe exemplaire réglé, orné d'une très riche et très élégante reliure à compartiments portant sur les plats les chiffres couronnés du roi LOUIS XIII et de la reine ANNE D'AUTRICHE.

Vendu 10.000 francs à la vente Beckford.

1039. **Apollon** et les Muses ; calendrier pour l'année 1807. *Paris, Chaise, s. d.;* in-8, mar. vert, dos orné, fil., tr. dor. (*Canape-Belz*). 70 fr.

10 charmantes figures, en couleur en forme de médaillon représentant Apollon et les Muses.

Bel exemplaire.

1040. **Apuleii** (L.). Metamorphoseos, sive lusus Asini libri XI. Floridorum libri IIII. De Deo Socratis I. De Philosophia I. Asclepius Trisgemisti Dialogus eodem Apuleio i(n)terprete. Eiusdem Apuleii liber de Dogmatis Platonicis. Eiusdem liber de Mundo. Apologiæ II. Isagogicus liber Platonicæ philosophiæ per Alcinoum philosophum, græce impressus. *Venetiis, in ædibus Aldi et Andræ soceri, mense maio MDXXI;* pet. in-8, mar. noir, comp. de fil. dor. et à froid, orn. sur les plats, tr. dor. ciselée. (*Rel. anc.*) 100 fr.

Jolie édition aldine dans une curieuse reliure.

1041. **Apulée.** Les Métamorphoses, ou l'Asne d'or de L. Apulée philosophe platonicien (traduites par J. de Montlyard). Nouvellement reveues, corrigées et mises en meilleur ordre (par Nic. de la Coste). *Paris, Nic. et Jean de la Coste*, 1648; in-8, mar. rouge, dos orné, double rangée de fil., tr. dor. (*Lortic*). 120 fr.

Belle édition ornée d'un frontispice et de 16 jolies figures gravées en taille-douce par *Crispin de Pas.*

1042. **Arioste.** Roland furieux, traduction nouvelle et en prose par M. V. Philipon de la Madelaine. Edition illustrée de 300 vignettes et de 25 magnifiques planches tirées à part sur Chine, par MM. Tony Johannot, Baron, Français et C. Nanteuil. *Paris, Mallet,* 1844; gr. in-8, br. (couv. ill.). 35 fr.

Exemplaire de PREMIER TIRAGE. Figures sur Chine AVANT LA LETTRE.

1043. **Aristée** ou de la Divinité (par François Hemsterhuis). *Paris,* 1779; pet. in-8, mar. rouge, larges dent., dos orné, tr. dor. (*Rel. anc.*). 25 fr.

Exemplaire en grand papier orné de vignettes.

1044. **Artagnan.** Mémoires de Mr d'Artagnan, Capitaine Lieutenant de la première Compagnie des Mousquetaires du Roi, contenant quantité de choses particulières et secrettes qui se sont passées sous le règne de Louis le Grand. *A Cologne, chez Pierre Marteau (Rouen),* 1700-1701; 3 vol. in-12, mar. bleu, 7 fil. sur les plats, dent. int., tr. dor. 300 fr.

EDITION ORIGINALE.
Bel exemplaire du PREMIER TIRAGE, imprimé en gros caractères.

1045. **Artagnan** (d'). Mémoires de M. d'Artagnan, capitaine-lieutenant de la première compagnie des Mousquetaires du Roi, contenant quantité de choses particulières et secrettes qui se sont passées sous le règne de Louis le Grand (par Sandras de Courtilz). *Amsterdam, Pierre Rouge,* 1704; 4 vol. in-12, veau. 50 fr.

Portrait de l'auteur. Exemplaire fatigué. Alexandre Dumas s'est servi de ces mémoires pour créer son immortelle trilogie des Mousquetaires.

1046. **Aubert.** Fables et œuvres diverses. *Paris, Mouttard,* 1774; 2 vol. in-8, mar. vert, dos orn., fil., tr. dor. (*Derôme*). 120 fr.

2 frontispices de *Cochin*, gravées par *Tilliard, Saint-Aubin* et *Leveau.*
Superbe exemplaire aux armes de TALLEYRAND-PÉRIGORD.

1047. **Aubry** (Charles). Histoire pittoresque de l'Equitation ancienne et moderne. *Paris, Motte,* 1833; in-fol., demi-rel. veau brun, dos orné. 50 fr.

Bel exemplaire orné de 24 jolies planches lithographiées.

1848. **Augustarum** imagines Æreis formis expressæ : vitæ quoque earumdem breuiter emarratae, signorum etiam quæ in posteriori parte numismatum efficta sunt, ratio explicata, ale Ænea Vico Sarmense. Nunc A Joanne, Baptista Du Vallio restitutae. *Lutetiae, parisiorum*, 1619; in-4, dem. veau. 15 fr.

Titre-frontispice gravé et 63 belles planches gravées.

1049. **Aventures** du Gourou Paramarta, conte drôlatique indien. Traduit par l'abbé Dubois. Préface de Francisque Sarcey. Orné de nombreuses eaux-fortes par Bernay et Cattelain. *Paris, Barraud,* 1877; in-8, br., pap. vergé. 5 fr.

« Il ne faut pas demander l'origine de ce petit conte. Tout ce que nous savons, c'est qu'il nous arrive de l'Inde...
« Ce Gourou Paramarta, au fond, n'est pas autre chose que notre Jocrisse, élevé à la dignité de brahme indien; et ses cinq disciples, Stupide, Idiot, Badaud, Hébété et Lourdaud, trouveraient aisément leurs congénères chez Janot et Calino ». (Extrait de la Préface).

1050. **Athénée.** Le Banquet des savans, trad. tant sur les textes imprimés que sur plusieurs manuscrits, par Lefebvre de Villebrune. *A Paris,* Imp. de Monsieur, 1789-

1791 ; 5 vol. in-4, demi-maroq., tête jasp., ébarb. 120 fr.

Bel exemplaire en grand papier.

1051. **Atlas militaire,** contenant le théâtre de la guerre dans les Pays-Bas, avec une table alphabétique des principales positions qui s'y trouvent. *Paris*, *Meynaud*, 1746 ; in-4, mar. rouge, dos orn., dent., tr. dor. (*Rel. anc.*). 40 fr.

Atlas composé de 65 cartes gravées.

1052. **Attendolo.** Il duello di M. Dario Attendolo, dottore di leggi da Bagnacavello diviso in tre libri. *In Venegia, Giolito,* 1562 ; in-8, vélin. 10 fr.

A la suite : Discorso di M. Dario Attendoli intorno all honore e al modo d'indurre le querele per ogni sorte d'injuria alla face. *Vinegia*, 1562.

1053. **Bachelet** et **Dezobry.** Dictionnaire général des Lettres, des Beaux-Arts et des Sciences morales et politiques. *Paris, Delagrave,* 1886 ; 2 vol. gr. in-8, br. 15 fr.

1054. **Bals** de l'Opéra. Costumes du quadrille historique. *Paris, Rittner et Goupil, s. d.* (*vers* 1840) ; in-fol. cart. 100 fr.

Frontispice et 17 belles planches coloriées de costumes, lithographiées d'après les dessins de *H. Dupont, E. Delacroix, Boulanger, Saint-Evres, Robert-Fleury, T. Johannot, Devéria, Lami*, etc., et contenus dans de jolis encadrements composés par *Chenaverd*.

1055. **Balzac** (H. de). Petites misères de la vie conjugale. *Paris, Chlendowski, s. d.* (1845) ; gr. in-8, demi-rel. veau fauve, dos orné, (*Héring*). 60 fr.

Ouvrage très spirituellement illustré par *Bertall* de plus de 300 dessins sur bois dont 50 grands sujets tirés à part.
Un cachet effacé sur le titre.

1056. **Bandello.** Histoires tragiques extraites des œuvres italiennes de Bandel et mises en nostre langue par Pierre Boaistuau surnommé Launay, natif de Bretagne. *Paris, G. Robinot,* 1559 ; pet. in-8, mar. vert, dos orné, tr. dor. (*Biziaux*). 180 fr.

PREMIÈRE ÉDITION, comprenant six nouvelles ; elle est rare. Le dernier feuillet, non chiffré, contient une pièce de poésie composée en l'honneur du seigneur de Launay, breton, par François de Belleforest, Comingeois.
Cet exemplaire, bien conservé et très grand de marges (165 mill.) provient de la bibliothèque réservée de RENOUARD.
La reliure porte l'étiquette de *Biziaux*.

1057. **Barbazan.** Fabliaux et Contes des poëtes françois des XIe et XVe siècles, tirés des meilleurs auteurs, publiés par Barbazan. Nouvelle édition revue par M. Méon. *Paris, Warel* (*imp. de Crapelet*), 1808 ; 4 vol. in-8, veau fauve, dos orn., fil. 40 fr.

Chaque volume est orné d'un frontispice de *Langlois* gravé par *Delvaux*.

1058. **Barberet.** Le Travail en France. Monographies professionnelles. *Paris, Berger-Levrault,* 1886 ; 4 vol. in-8, br. 12 fr.

Ouvrage du plus haut intérêt économique pour toutes nos corporations industrielles.

1059. **Barbet de Jouy** et **Jacquemart.** Les Gemmes et Joyaux de la Couronne du Musée du Louvre, expliqués par M. Barbet de Jouy, membre de l'Institut, dessinés et gravés à l'eau-forte d'après les originaux par J. Jacquemart. Introduction par A. Darcel. *Paris, Techener,* 1886 ; in-fol., demi-rel. dos et coins de mar. rouge, tête dor., *non rogné*. 200 fr.

60 planches à l'eau-forte et texte explicatif montés sur onglets. Bel exemplaire.

1060. **Barbey d'Aurevilly.** XIXe siècle. Les Œuvres et les hommes. *Paris, Frinzine et Lemerre,* 1885-1895 ; 6 vol. in-8, br. 30 fr.

Les Critiques ou les juges jugés. — Sensations d'art. — Sensations d'histoire. — Les Philosophes et les écrivains religieux. — Mémoires historiques et littéraires. — Journalistes et polémistes, chroniqueurs et pamphlétaires.

1061. **Barillet** (J.). Les Pensées. Histoire, culture, multiplication, emploi. *Paris, Rothschild,* 1869 ; in-4, br. 25 fr.

Ouvrage orné de nombreuses vignettes et de 25 chromolithographies exécutées d'après les spécimens par *Lesemann*.

1062. **Batteux** (Abbé). Les Beaux-Arts réduits à un même principe. *Paris, Durand,* 1747 ; in-8, fig., mar. rouge, dos orné, fil., tr. dor. *Rel. anc.*). 150 fr.

Exemplaire en GRAND PAPIER DE HOLLANDE, orné d'un frontispice, d'un fleuron de titre et de 3 vignettes en têtes par *Eisen*, gravés par *Delafosse*.

1063. **Bayard** (J.-F.). Théâtre, précédé d'une notice par Eugène

Scribe. *Paris, Hachette,* 1855-1858 ; 12 vol. in-12, br., couv. 18 fr.

1064. **Beaumarchais**. La Folle Journée ou le Mariage de Figaro, comédie en cinq actes en prose par M. de Beaumarchais. *De l'impr. de la Société Littéraire typographique et se trouve à Paris, chez Ruault,* 1785 ; in-8, mar. rouge, dos orné, fil., tr. dor. (*Marius-Michel*). 250 fr.

Bel exemplaire tiré sur GRAND PAPIER VÉLIN, contenant la suite des 5 figures dessinées par *Saint-Quentin,* gravées par *Halbou, Liénard* et *Lingée.*

1065. **Beausobre** (Isaac). Histoire de Manichée et du manichéisme (publiée par Sam Formey). *Amsterdam, Frédéric Bernard,* 1734-1739 ; 2 vol. in-4, mar. rouge, dos ornés, fil., dent. int., tr. dor. (*Trautz-Bauzonnet*). 180 fr.

Ouvrage estimé et rare avec l'éloge de l'auteur par Formey, qui manque à beaucoup d'exemplaires.
Orné d'une vignette non signée sur le titre, et d'une vignette en-tête de *B. Picard.*

1066. **Beaux-Arts** (Les) Musée des chefs-d'œuvre contemporains. *Paris, Dentu,* 1875-1880 inclus ; 2 vol. in-fol., cart., *non rognés.* 80 fr.

265 planches, la plupart gravées à l'eau-forte d'après les meilleures œuvres de : *Delacroix, Baudry, Puvis de Chavannes, Prudhon, Corot, Millet, Raphaël, Fortuny,* et autres célèbres peintres anciens et modernes.

1067. **Beeverell** (James). Les Délices de la Grand' Bretagne et de l'Irlande : où sont exactement décrites les antiquitez, les provinces, les villes, les bourgs, abbayes, églises, collèges, palais, etc. *Leide, Pierre Vander Aa,* 1707 ; 8 vol. in-12, veau fauve, dos orné, fil. (*Rel. anc.*). 100 fr.

Frontispice, 211 planches et cartes en taille-douce.

1068. **Belordeau** (Pierre). Les Coustumes générales des pays et duché de Bretagne. Avec la paraphrase et explication literale et analogique sur tous les articles d'icelle. Troisième édition. *Paris, Nic. Buon,* 1635 ; in-4, veau. (*Rel. anc.*). 15 fr.

Légères piqûres de vers.

1069. **Béraldi**. Bibliothèque d'un bibliophile. 1865-1885. *Lille, Danel,* 1885 ; pet. in-8, br. 50 fr.

Ouvrage tiré à petit nombre. RARE.

1070. **Béraldi**. Mes estampes. 1872-1884. *Lille, Danel,* 1884 ; in-18, br., couv. 60 fr.

Ouvrage tiré à 50 exemplaires. RARE.

1071. **Béraldi** (Henri). La Reliure du XIXe siècle. *Paris, Conquet,* 1895-1897 ; 4 vol. in4, br., couv. 250 fr.

Illustré de portraits, fac-similés d'autographes et de nombreuses reproductions de reliure.

1072. **Béranger**. Œuvres complètes de P.-J. de Béranger. Edition unique revue par l'auteur, ornée de 104 vignettes en taille-douce dessinées par les peintres les plus célèbres. *Paris, Perrotin,* 1834 ; 4 vol. in-8, demi-rel. veau, dos orné, tr. marbr. 40 fr.

104 vignettes de *Raffet, Grénier, Johannot, Granville, Devéria,* etc., tirées sur *Chine.*
Exemplaire grand de marges.

1073. **Bergerat** (Émile). Enguerrande, poème dramatique, précédé d'une préface par Théodore de Banville. *Paris, Frinzine,* 1884 ; in-4, br. 20 fr.

Exemplaire sur PAPIER WATHMAN.
Portrait de l'auteur gravé à l'eau-forte par *Henri Lefort* et 2 compositions du statuaire *Auguste Rodin.*

1074. **Bernard** (P.-J.). Œuvres, ornées de gravures d'après les dessins de Prudhon, la dernière gravée par lui-même. *Paris, P. Didot l'aîné, an V* (1797) ; in-4, demi-rel. dos et coins de mar. vert, tête dor., *non rognés.* 150 fr.

Un des 150 exemplaires sur PAPIER VÉLIN D'ANGOULÊME, avec la suite des figures de *Prud'hon* en épreuves AVANT LA LETTRE. Les exemplaires sur ce papier sont les seuls qui contiennent les Operas de l'auteur.

1074bis. Les mêmes. *Paris, an V* (1797) ; in-4, dos et coins de mar. vert, dos orné, tr. dor. 100 fr.

Exemplaires sur PAPIER VÉLIN FORT avec la suite des figures avec la lettre. Déchirure au dernier feuillet.

1075. **Berquin**. Idylles. *S. l. n. d.* ; 2 tomes en un vol. in-12, mar. rouge, fil., dos orné, tr. dor. (*Rel. anc.*). 200 fr.

Titre et 24 charmantes figures par *Marillier,* gravées par *Gaucher, de Ghendt, Le Gouaz, Née, Ponce,* etc.
Exemplaire en papier de Hollande.

1076. **Bertall.** La Vie hors de chez soi (comédie de notre temps), l'hiver, le printemps, l'été, l'automne. *Paris, Plon,* 1876 ; gr. in-8, demi-rel. mar. rouge, tête dor., *non rogné,* couv. cons. 20 fr.

Texte et illustrations humoristiques.

1077. **BERTAUD** (Jean). Encomium Joannis Bertaudi Petragorici Turrisalbæ in ducatu Engolismensi alumni, de cultu trium Mariarum adversus Lutheranos cum missa solenniore et officio canonico earundem auspiciis augustissimæ principis Joannæ Aurelianensis Gyveriensium dominæ, ac Comitis du Barcq. (*Parisiis*) *Venundantur in ædibus Jodocii Badii ubi impressa sunt.* (In fine :) ... *imprimebat Jodocus, Badius Ascensius, jam finem prospectans ad x calendas Decemb.* 1529 ; 3 part. en un vol. in-4, mar. bleu, doublé de mar. rouge, dos orné, dent., tr. dor. (*Chambolle-Duru*). 1.400 fr.

Ce très beau volume qui comprend trois parties : l'*Encomium*, l'*Officium trium filiarum beate Annæ* et le traité de *Cognitione sacerrimi Joannis Baptistæ*, est orné, dans sa seconde partie imprimée en caractères gothiques, de très grandes et belles figures gravées sur bois et à chaque page de bordures où se voient de nombreux sujets tirés de l'Écriture sainte.
Magnifique exemplaire très grand de marges.

1078. **Bertaut.** Recueil des Œuvres poétiques de J. Bertaut, abbé d'Aunay, et premier aumosnier de la Royne. *Paris, Mamert Patisson,* 1601 ; in-8, mar. bleu, milieux, tr. dor. (*Trautz-Bauzonnet*). 140 fr.

Édition originale.

1079. **Bertrand** (Alexandre). Archéologie celtique et gauloise. Memoires et documents relatifs aux premiers temps de notre histoire nationale. *Paris, Didier,* 1876 ; in-8, fig., br. 12 fr.

Très rare.

1080. **Beulé.** Fouilles à Carthage aux frais et sous la direction de M. Beulé. *Paris, Imprimerie Impériale,* 1861 ; in-4, cart. 10 fr.

Intéressante relation ornée de 6 planches lithographiées.

1081. **Bible** (La). Traduction nouvelle d'après les textes hebreu et grec, par E. Ledrain. *Paris, Alphonse Lemerre,* 1886-1896 ; 9 vol. in-8, br. 110 fr.

9 volumes sur 10, le dernier manquant. L'un des 10 exemplaires sur papier de Chine.

1082. **Bibliophile français** (Le). Gazette illustrée des amateurs de livres, d'estampes et de haute curiosité. *Paris, Bachelin-Deflorenne,* 1868-1873 ; 7 vol. gr. in-8, demi-chag. vert, dos orné, *non rognés.* 80 fr.

Portraits, fac-similés, reproductions de reliures et nombreux blasons.

1083. **Biographie** du Clergé contemporain par un solitaire (l'abbé Hippolyte Barbier, d'Orléans). *Paris, Appert,* 1841-1851 ; 10 tomes en 5 vol. in-12, portr., demi-rel. chagrin rouge. 35 fr.

Cette biographie comprend 121 livraisons ornées chacune d'un portrait. Elle offre, selon Vapereau, une revue spirituelle et mordante de toutes les notabilités ecclésiastiques.

1084. **Birchen-Bouquet.** Curious and original Anecdotes of Ladies fond of administering the Birch Discipline, and published for the amusement, as wel as the benefit of those Ladies who have under the tuition sulky, stupid, wanton, lying, or idle Young Ladies or Gentlemen. Republished with considerable additions. *London,* 1888 ; in-16, br. 10 fr.

1085. **Bitaubé.** Joseph, par Bitaubé. Sixième édition revue et corrigée. *Paris, Didot aîné,* 1797 ; 2 vol. pet. in-12, veau gris, dos orné, orn. à froid, tr. dor. 20 fr.

9 figures de *Marillier*, gravées par *Née.* Jolie reliure romantique.

1086. **Blaeu** (Jean). Théâtre des estats de son Altesse Royale le Duc de Savoie, Prince de Piémont, Roy de Cypre ; traduit du latin en françois (par Jacques Bernard). *A La Haye, chez Adrian Moetjens,* 1700 ; 2 vol. gr. in-fol., veau marb., dos orné, tr. rouges. (*Rel. anc.*). 250 fr.

Bel exemplaire de cet important ouvrage d'une remarquable exécution et orné de deux frontispices, de 3 splendides portraits par Nanteuil, d'un grand blason, d'un tableau généalogique de la maison de Savoie, de 3 cartes, de 130 plans, vues perspectives de villes, châteaux, jardins, monuments, etc. Toutes ces planches, admirablement gravées, sont montées sur onglets et pliées en double ou en triple. Nombreuses vignettes et culs-de-lampe dans le texte.

1087. **Blaeu**. Nouveau théâtre d'Italie, ou description exacte de ses villes, palais, églises, etc., et les cartes géographiques de toutes ses provinces. *A Amsterdam, par les soins de Pierre Mortier*, 1704 ; 4 tomes en 3 vol. gr. in-fol. veau marb., dos orné, tr. rouges (*Rel. anc.*). 250 fr.

Bel exemplaire de ce magnifique ouvrage, orné de 4 frontispices, de 50 cartes, de 267 vues de villes, palais, châteaux, jardins, églises, maisons, monuments, etc. Toutes ces planches sont montées sur onglets et pliées en double ou en triple. Nombreuses vignettes et culs-de-lampe dans le texte.

Cet ouvrage est d'un intérêt capital pour l'Italie.

1088. **Blanc** (Ch.). Histoire des peintres de toutes les écoles. 1848-1883 ; 14 vol. in-4, br. 180 fr.

Ecole Française, 3 vol. — Ecole Espagnole, 1 vol. — Ecole Florentine, 1 vol. — Ecole Anglaise, 1 vol. — Ecole Flamande, 1 vol. — Ecole Ambrienne et Romaine, 1 vol. — Ecole Bolonaise, 1 vol. — Ecole Milanaise, Lombarde, Ferraraise, Gênoise et Napolitaine, 1 vol. — Ecole Allemande, 1 vol. — Ecole Vénitienne, 1 vol. — Ecole Hollandaise, 2 vol.

1089. **Blanchard**. Les Présidens au mortier du Parlement de Paris, leurs emplois, charges, qualitez, armes, blasons et généalogies depuis l'an 1331 jusques à présent. Ensemble un catalogue de tous les conseillers selon l'ordre des temps et de leur réception. Par François Blanchard. *A Paris, chez Cardin-Besonge*, 1647 ; in-fol, front., veau. 150 fr.

Ouvrage rare illustré d'armoiries gravées sur cuivre.

Exemplaire aux armes de Charles-Louis FEVRET DE FONTETTE, conseiller au Parlement de Bourgogne.

1090. **Blanchemain** (Prosper). Poèmes et Poésies. Foi, Espérance et Charité. *Paris, Rouveyre*, 1880 ; 2 vol. in-12, demi-rel. dos et coins de mar. vert, tête dor., *non rognés*, couv. (*Amand*). 35 fr.

L'un des 25 exemplaires sur PAPIER DE CHINE, avec le quadruple tirage du portrait de l'auteur et des figures de *Perret* et *Boilly*, gravées à l'eau-forte par *Lerat*, *Mongin* et *Gaujean*, tirées en rouge, en bistre, en noir et en bleu sur Japon et vergé.

On a ajouté : Sept lettres autographes de l'auteur relatives à la confection de ces 2 volumes.

De la bibliothèque d'OCTAVE UZANNE.

1091. **BLASON D'ARMOIRIES**, contenant une instruction generalle, et fort briefue methode pour apprendre promptement et facilement la vraye intelligence dicelles : Avec les différences des Couronnes, Timbres, Lambrequins, Cimiers, Supports ou tenans, et autres choses remarquables et particulières servans à la parfaicte connoissance des dictes Armoiries. Le tout exactement recherché et mis en ordre pour le contentement des curieux et amateurs de ceste science. — In-4 de 221 ff., blasons, mar. rouge, dos et plats ornés de riches comp. à petits fers et au pointillé, dent. int., tr. dor., fermoirs. (*Rel. anc.*). 1.200 fr.

Beau manuscrit de la fin du XVIIe siècle, bien calligraphié et renfermant plus de **onze cents blasons ou pièces héraldiques en couleurs**. Il est couvert d'un joli spécimen des reliures dites *à l'éventail*. Le titre est dans un beau cartouche en couleur et son verso est orné du blason de la personne pour laquelle ce manuscrit a été exécuté : *écartelé au 1 et 4 d'azur à la tour d'argent accompagnée en chef de trois étoiles d'or ; au 2 et 3 de gueules à deux lions d'or affrontés ; au chef d'argent chargée d'une croix potence d'or et cantonnée de quatre croisettes du même* (Jérusalem) ; l'écu est entouré du collier de l'ordre de Saint-Michel.

En dehors de la reproduction des diverses pièces et figures de l'écu on trouve dans ce volume la reproduction de couronnes, cimiers, supports, guidons, cornettes, étendards, gonfanons, mantelets, harnais, housses, targes, etc., etc. On trouve en outre les figures de divers ordres de chevalerie français et étrangers et les pennons généalogiques de *Louise de Luxembourg, veuve de Bernard de Beon, seigneur du Massez ; du marquis de Noirmoutier ; de la maison de la Trimouille ; de la Trimouille ; de la maison de Lorraine et de la maison de Croy*.

Sur les marges de l'ouvrage et sur une douzaine de ff. de gardes, un des derniers propriétaires de ce manuscrit a décrit les armoiries de nombreuses familles françaises.

Haut. : 283 mill.

1092. **Blason**. Traité de l'honneur ou abrégé méthodique de la science du blazon, par F. B. (Bourtyl d'Autry), 1700 ; in-fol., veau. 120 fr.

Manuscrit du XVIIIe siècle de 58 feuillets sur papier. Les armes de l'auteur sont sur le titre. Celles qui sont dans le corps du volume ont été coupées dans quelque ouvrage imprimé, probablement Menestrier ou Chevillard, et collées à leurs places respectives.

1093. **Blessebois** (Pierre Corneille). Le Lion d'Angelie, précédé d'une notice sur le style romanesque par Marc de Montifaud. *Bruxelles, A. Lacroix, s. d.* ; in-12, br. 4 fr.

PAPIER VERGÉ.

1094. **Blondeau** (Nic.) et **Noël** (Franç.). Glossarium eroticum latinum et gallicum. *Paris, Liseux*, 1885 ; in-8, br. 25 fr.

PAPIER DE HOLLANDE.

Ce curieux livre, tiré d'un manuscrit inédit composé par Nicolas Blondeau au XVIIe siècle, a été complété et augmenté de notes curieuses par François Noël. De plus une étude de près de 60 pages sur la langue érotique, par le traducteur de Forberg, donne un nouvel attrait à cet ouvrage.

1095. **Blondel** (Spire). L'Art intime et le Goût en France. Grammaire de la Curiosité. *Paris, Rouveyre*, 1885 ; in-4, br. 4 fr.

Ouvrage illustré par *Arents, Bourdin, Fraipont, Lenoir, Monchablon*, etc., de 25 planches hors texte et de 200 vignettes intercalées dans le texte.

1096. **Blondel**. Recueil de plusieurs traitez de Mathématiques de l'Académie Royale des Sciences. *Paris, Impr. royale*, 1676 ; gr. in-fol., mar. rouge, fil. à comp., dent., tr. dor. (*Rel. anc.*). 280 fr.

Exemplaire aux armes de LOUIS XIV.

1097. **Boaistuau** (Pierre). Histoires prodigieuses extraictes de plusieurs fameux autheurs grecs et latins, sacrez et prophanes, divisées en deux tomes ; le premier mis en lumière par P. Boaistuau, surnommé Launay ; le second par Cl. de Tesserant, et augmenté de dix histoires par F. de Belle-forest-Comingeois. Avec les portraits et figures. *A Paris, Gabriel Buon*, 1571 ; 2 tomes en un vol. in-16, vélin à recouvrements. 100 fr.

Edition illustrée de jolies petites figures sur bois délicatement gravées. Cet ouvrage donne un curieux résumé de toutes les histoires étranges et prodigieuses qui étaient alors répandues dans l'esprit public : signes du ciel, pluies de sang, inondations, cas de pathalogie humaine et animale monstrueuses, etc.

1098. **Boccace**. Les neuf livres de Jehan Boccace des cas des nobles hommes et femmes. In-4, ais de bois recouverts de veau estampé. (*Rel. anc.*). 350 fr.

Rare et curieux manuscrit du XVe siècle, écrit sur papier et composé de 576 ff.

Il renferme la traduction intégrale des neuf livres de Boccace « des Nobles malheureux » par Laurent de Premierfait (de Troyes). Les 13 premiers ff. sont consacrés à la table générale de l'ouvrage, les 8 suivants aux deux « Prologues » et le reste aux neuf livres.

Il se termine au recto du dernier feuillet par cette mention : « *Cy fine le livre de Jehan Boccace des cas des nobles malheureux hommes et femmes ; translaté de latin en francoys par Laurens du premier faict clerc du dyocèse de Troyes. Et fut fine cette translation l'an mil iiiic et ix* (1409) *le lundi après pasques closes.* »

Le f. 14 (1er du Prologue) manque et le début et la fin de ce ms. sont atteints par de légères piqûres de vers. La reliure est fatiguée.

1099. **Boileau**. Œuvres poétiques, accompagnées de nouvelles notes, par M. Auger de l'Académie françoise. *Paris, Brière*, 1825 ; pap. vélin, in-8, cart., *non rogné*. 10 fr.

Portrait de Boileau lithographié par *Ch. Charles* d'après *Rigaud*.

1100. **Boileau**. Œuvres poétiques, suivies d'œuvres en prose, publiées avec notes et variantes par P. Chéron. *Paris, Librairie des Bibliophiles*, 1876 ; 2 vol. in-12, br. 12 fr.

Exemplaire sur PAPIER DE CHINE.

1101. **Boisard**. Fables par M. Boisard. Seconde édition. *Paris*, 1777 ; 2 vol. in-8, front. et fig., veau fauve, dos orné, fil. (*Rel. anc.*) 80 fr.

Exemplaire en GRAND PAPIER, orné de 2 fleurons sur les titres, de 9 figures et de 2 culs-de-lampe par *Monnet*, gravés par *Saint-Aubin* et *E. Schmitz*.

1102. **Boissard**. Vitæ et icones, Sultanorum turcicorum principum Persarum aliorumque Heroum Heroinarumque ab Osmane usq. ad Mahometem II, ad vivum ex antiquis Metallis effictæ, primum ex Cōstātinapoli D. Imp. Ferdināndo oblatæ nunc descriptæ et Tetrascichis succintis illustratæ a Ja. Jac. Boissardo Vesuntino. Omnia recens in æs artificiose incisa et demum foras data, per Theodorū de Bry Leod. Civem. *Francf. ad moen*, A° MDXCVI (1596) petit in-4 veau, dos orn., fil. (*Rel. anc.*). 75 fr.

ÉDITION ORIGINALE ornée d'un titre gravé, du portrait de Boissard et de 47 portraits de sultans et de femmes, par *Th. de Bry*.

1103. **Boissat**. Histoire des Chevaliers de l'orde de S. Jean de Hierusalem, contenant leur admirable institution et police, la suitte des guerres de la terre saincte où ils se sont trouvez. Cy devant escrite par le feu S. D. B. S. D. L. (le sieur de Boissat, seigneur de Licieu). Edition augmentée de sommaires sur chaque livre par J. Baudoin. *Paris, Jacques d'Albin*, 1643; in-fol., veau. 25 fr.

Portraits en taille-douce. Exemplaire aux armes de Louis du Bois, marquis de GIVRY, grand bailli de Touraine.

1104. **Bonivard** (François). Advis et devis de l'ancienne et nouvelle police de Genève, suivis des advis et devis de noblesse et de ses offices ou degrez et des iij estatz monarchique, aristocratique et démocratique. Des dismes et des servitudes taillades. *Genève, J.- G. Fick*, 1865; in-8, vélin à recouvrements, *non rogné*. 8 fr.

PAPIER VERGÉ.

1105. **Bonne**. Description géographique abrégée de la France. *Paris, impr. Butard*, 1764; in-16, veau. 30 fr.

Un des plus jolis atlas publiés au siècle dernier, comprenant un frontispice gravé par *de Longueil* d'après *Gravelot*, et 28 cartes, finement coloriées, des anciennes provinces de France.

1106. **Bonnefons** Les Hôtels historiques de Paris. Histoire, Architecture. *Paris, Lecou*, 1852; gr. in-8, nombr. fig. et pl. sur bois, demi-rel. mar. rouge avec coins, dos orné sans nerfs, fil., tête dor., *non rogné*, couv. ill. (*Durvand*). 20 fr.

Bel exemplaire du PREMIER TIRAGE. Illustrations par *Célestin Nanteuil, d'Aubigny, Bertall.*

1107. **Bonne responce** à tous propos. Livre fort plaisant et délectable, auquel est contenu un grand nombre de proverbes et Sentences joyeuses. Traduict d'italien en nostre vulgaire françois. *A Paris, pour la vefve Jean Bonfons, s. d.*; in-16 de 76 ff. non ch. mar. bleu, fil. à froid, dent. int., tr. dor. (*Duru*). 120 fr.

Edition fort rare de ce recueil de proverbes italiens accompagnés de leur version française. Elle est ornée sur le titre d'un bel encadrement à la de Tournes gr. sur bois.

Exemplaire provenant des bibliothèques de G. DUPLESSIS et P. DESQ. — Les marges supérieure et extérieure du titre sont refaites ainsi que les coins des trois premiers ff.

1108. **Bouchet** (Jean). Les Angoysses et remèdes d'amours, du traverseur (J. Bouchet), en son adolescence. *On les vend à Poitiers au Pelican.* (A la fin :) *Imprimé à Poictiers le huitiesme jour de Janvier 1536; par Jehan et Enguilbert de Marnef*, in-4, goth. de 4 ff. lim., 124 pp. (les 28-24 étant double) et un f. de privilège, mar. rouge, fil. à froid, milieux, doublé de mar. bleu, dent.. tr. dor. 500 fr.

Bel exemplaire de l'ÉDITION ORIGINALE comprenant : l'Amoureux transi sans espoir, l'Enfant banny qui ayme par honneur, l'Amant secret, la Dame se compleignant, et les Angoysses d'amour.
Joli bois au verso du 4e f. lim.

1109. **Bouchet** (Jean.) Les Généalogies, Effigies et Epitaphes des Roys de France, recentement reveues et corrigées par l'autheur mesmes (Jean Bouchet) : avecq'plusieurs aultres opuscules, le tout mis de nouveau en lumière par le dict autheur. *On les vend à Poictiers, en la bouticque de Jacques Bouchet près les cordeliers, et a l'enseigne du Pellican par Jehan et Enguilbert de Marnef frères*, 1545; pet. in-fol. car. ronds, portr. gravés sur bois, mar. bleu, dos orné, fil., tr. dor. (*Chambolle-Duru*). 300 fr.

Edition la plus complète dans laquelle se trouvent réunis une partie des opuscules de l'auteur. L'ouvrage comprend en tout 170 ff., savoir : 6 ff. prél. non chiff. sign. aa par 6 pour le titre, le privilège, la table, la dédicace à *Seigneur Anthoine du Prat, cardinal... archevesque de Sens et chancelier de France;* 163 ff. chiff. et 1 f. non chiff contenant la marque de l'imprimeur (*Silvestre, Marques typogr.* n° 1186) et au-dessous *Imprimé à Poictiers par Jacques Bouchet*, 1545, le verso est blanc.
Léger raccommodage au dernier feuillet.

1110. **Bouchet** (Jean). Les Truimphes de la noble et amoureuse Dame, en lart de honnestement aymer. Composé par le traverseur des Voyes perilleuses. Nouvellement imprime a Paris. *Imprime a Paris, par Jehan Real*, 1541; pet. in-8 goth. de 12 et 390 ff., mar. brun tête de nègre, dos orné, double fil. à froid, fleurons dorés, tr. dor. (*Chambolle-Duru*). 100 fr.

Très bel exemplaire parfaitement conservé dans une excellente reliure de Chambolle.

1111. **Bourdaloue.** Eloge funèbre de très haut... Henri de Bourbon, prince de Condé, prononcé a Paris le 10 jour de Décembre 1683, en l'Eglise de la maison professe des Pères de la Compagnie de Jésus, par le Père Bourdaloüe, de la mesme compagnie. *Paris, Sébastien Mabre-Cramoisy,* 1684 ; in-4, mar. rouge, jans., dent. int., tr. dor. (*Trautz-Bauzonnet*). 150 fr.

2 vignettes et 1 cul-de-lampe de *Sébastien Leclerc.*
Édition originale. Bel exemplaire.

1112. **Bourdaloue.** Œuvres. *Paris, Firmin Didot,* 1877 ; 3 vol. gr. in-8 à 2 col., portr., br. 18 fr.

1113. **Bourgeois** (Émile). Le Grand Siècle. Louis XIV, les arts, les idées d'après Voltaire, Saint-Simon, Spanheim, Dangeau, Mme de Sévigné, Choisy, La Bruyère, Laporte, etc. *Paris, Hachette,* 1896; in-4, br. 30 fr.

Ouvrage illustré d'un très grand nombre de gravures d'après les documents originaux de l'époque. — Couverture en parchemin imprimée en or.

1114. **Bourget** (Paul). Œuvres de Paul Bourget. *Paris, Alphonse Lemerre,* 1885-1891 ; 4 vol. pet. in-12, portr., br. 35 fr.

Poésies, 2 vol. — L'Irréparable. — Cruelle énigme.
L'un des 25 exemplaires sur papier de Chine.

1115. **Bourrienne.** Mémoires sur Napoléon, le Directoire, le Consulat, l'Empire et la Restauration. Neuvième édition. *Paris, A. Ozanne,* 1839 ; 10 vol. in-12, br. 30 fr.

Mémoires contenant des particularités des plus intéressantes sur la personne et le règne de Napoléon Ier.

1116. **Bulliard.** Flora parisiensis, ou descriptions et figures des plantes qui croissent aux environs de Paris, avec les différens noms, classes, ordres et genres qui leur conviennent, rangés suivant la méthode sexuelle de M. Linné, leurs parties caractéristiques, ports, propriétés, vertus et doses d'usages en médecine, etc. ; ouvrage orné de plus de 600 gravures coloriées d'après nature. *Paris, P.-Fr. Didot le jeune,* 1776-1783 ; 6 vol. in-8, fig., veau fauve, fil., dos ornés, tr. dor. (*Rel. anc.*). 300 fr.

Bel exemplaire avec les figures coloriées.

1117. **Bulliard.** Herbier de la France ou collection complète des plantes indigènes de ce royaume avec leurs détails anatomiques, leurs propriétés et leurs usages en médecine. *Paris, l'auteur,* 1780 ; 4 vol. in-fol, cart., *non rognés.* 200 fr.

512 planches coloriées sur lesquelles il en manque 75 dans cet exemplaire.

1118. **Burgmaier.** Images de Saints et Saintes issus de la famille de l'Empereur Maximilien Ier. En une suite de 119 planches gravées en bois par différents graveurs d'après les dessins de Hans Burgmaier. *Vienne, Stöckl,* 1799 ; in-fol., demi-rel. basane, éb. 180 fr.

Premier tirage des 119 bois originaux gravés au commencement du XVIe siècle, et conservés dans la bibliothèque impériale de Vienne.

1119. **Burgmaier.** Der Weiss Kunig. Eine Erzehlung von den Thaten Kaiser Maximilian des Ersten. Von Marx Treitzsaurwein auf dessen Angeben zusammengetragen nebst den von Hannsen Burgmair. *Wien, auf Kosten Joseph Kurzböckens,* 1775 ; in-fol., nombreuses pl. gravées sur bois, cart. 350 fr.

Ce volume est orné de 237 beaux bois, gravés au XVIe siècle, d'après les dessins de *Hans Burgmair* et employés ici pour la première fois.

1120. **Burgundia.** Linguæ vitia et remedia emblematice expressa, per Antonium a Burgundia. *Antverpiæ, apud vidua Cnobbaert,* 1631 ; pet. in-16 oblong, titre gravé, mar. rouge, dos orné, fil., tr. dor. (*Capé*). 160 fr.

Édition originale de ce joli petit livre, orné de 92 délicates figures emblématiques gravées sur cuivre.
Remarquons que la figure de la page 16 n'ayant jamais été tirée, n'existe dans aucun exemplaire.

1121. **Bussy-Rabutin.** Discours du comte de Bussy-Rabutin à ses enfans, sur le bon usage des adversitez, et les divers événemens de sa vie. Troisième édition. *Paris, Rigaud,* 1701 ; in-12, mar. bleu, fil. à froid, tr. dor. (*Duru*). 50 fr.

Bel exemplaire.

1122. **Bussy-Rabutin**. Histoire amoureuse des Gaules, revue et annotée par M. Paul Boiteau. Suivie des Romans historico-satiriques du XVIIe siècle, recueillis et annotés par M. C.-L. Livet. *Paris, Jannet*, 1856 ; 3 vol. in-12, demi-rel. veau fauve, dos orné, tête dor., *non rogné* (*Ducharne*) 15 fr.

1123. **Bussy-Rabutin**. Les Lettres de Messire Roger de Rabutin, comte de Bussy, lieutenant général des armées du roi. *Paris, Florentin et Pierre Delaulne*, 1697 ; 4 vol. in-12, bas. 20 fr.

EDITION ORIGINALE.

1124. **Byron**. Œuvres complètes de lord Byron avec notes et commentaires comprenant ses mémoires publiés par Thomas Moore et ornées d'un beau portrait de l'auteur. *Paris, Dondey-Dupré*, 1830-31 ; 8 vol. demi-rel. veau, dos orné, tr. jasp. 15 fr.

Portraits et figures gravés sur acier.

1125. **Cabanel** (Alex.). Les Mois. Cartons des peintures de l'ancien Hôtel-de-Ville. *Paris, E. Testard, s. d.*; in-fol. en carton. 40 fr.

12 planches gravées au burin par *A. Jacquet*, tirées sur PAPIER DE CHINE appliqué. Publié à 120 fr.

1126. **CABINET SATYRIQUE** (Le) ou Recueil parfait des vers piquans et gaillards de ce temps. Tiré des secrets cabinets des sieurs de Sigognes, Regnier, Motin, Berthelot, Maynard, et autres des plus signalés Poëtes de ce siècle. Dernière Edition reveuë, corrigée et de beaucoup augmentée. *S. l.*, 1666, 2 tomes en un vol. in-12. — Le Parnassse satyrique, du sieur Théophile. *S. l.*, 1660, in-12. Ens. 2 vol. in-18, mar. vert, dos orné, fil., tr. dor. (*Rel. anc.*). 800 fr.

Ces deux ouvrages ont été très joliment imprimés à *Leyde* par les *Hackius*, et se joignent à la collection des Elzevier. Hauteur : 127 mm. et 130 mm.

De la bibliothèque du baron de LA ROCHE-LACARELLE.

1127. **Callot** (Jacques). Les images de tous les saincts et saintes de l'année suivant le martyrologe romain, faites par Jacques Calot, et mises en lumière par Israël Henriet. *Paris, Israël Henriet*, 1636 ; pet. in-fol., vélin blanc. 150 fr.

Recueil composé de 490 petites pièces, y compris les deux titres pour les saints et saintes.

1128. **Cambry**. Monumens celtiques, ou recherches sur le culte des pierres, précédées d'une notice sur les Celtes et sur les Druides. *Paris, Johanneau* (*impr. Crapelet*), 1805 ; in-8, demi-rel. chagr. noir, *non rogné*. 5 fr.

5 planches gravées sur cuivre.

1129. **Cambry**. Catalogue des objets échappés au vandalisme dans le Finistère dressé en l'an II par Cambry, publié par ordre de l'administration du département. Nouvelle édition par J. Trévédy. *Rennes, Caillière*, 1889 ; in-8, br. 6 fr.

Tiré à 300 exemplaires.

1130. **Campo** (Antonio). Cremona fedelissima citta et nobilissima colonia de Romani, rappresentata in disegno col suo contado, et illustrata d'una breve historia delle cose più notàbili appartenenti ad essa; et de i ritratti naturali de duchi et duchesse di Milano. *In Cremona, in casa dell'istesso auttore*, 1585 ; gr. in-fol., veau fauve, dos orné (*Rel. anc.*). 250 fr.

EDITION ORIGINALE fort rare d'un ouvrage estimé, recherché pour les belles gravures d'*Augustin Carrache* dont elle est ornée, et parmi lesquelles on remarque le portrait de Philippe II, et ceux des ducs et duchesses de Milan.

Bel exemplaire.

1131. **Caramuel Lobkowitz**. Philippus prudens Caroli V imp. filius Lusitaniæ Algarbiæ, Indiæ, Brasiliæ legitimus rex demonstratus. *Antverpiæ, ex officina Plantiniana, B. Moretus*, 1639 ; in-fol., veau fauve, dos orné, fil., milieux, tr. dor. (*Rel. anc.*). 100 fr.

Titre, frontispice et 25 beaux portraits gravés en taille-douce.

Exemplaire en GRAND PAPIER.

1132. **Cassas** (L.-F.). Voyage pittoresque et historique de l'Istrie et de la Dalmatie, rédigé d'après l'itinéraire de L.-F. Cassas par Joseph Lavallée. Ouvrage orné d'estampes, cartes et plans dessinés et levés sur les lieux par Cassas, sous la direction de Née. *Paris, de l'impr. de P. Didot, an X* (1802) ; in-fol., demi-rel. dos et coins de mar. rouge, *non rogné*. 65 fr.

Exemplaire avec double épreuve des gravures, AVANT et avec lettre.

1133. **Castel** (René-Richard). Les Plantes, poème. Quatrième édition, ornée de cinq figures en taille-douce. *Paris, Deterville, impr. de Crapelet*, 1811 ; in-12, mar. rouge, dos orné, fil., tabis, tr. dor. (*Bradel*). 35 fr.

Bel et intéressant exemplaire avec les figures de *Desève* AVANT LA LETTRE, annoté et corrigé par l'auteur et préparé pour la 5e édition (1823). Il fut offert, d'après une mention manuscrite, au comte Louis de Chevigné, l'auteur des *Contes rémois*, le 1er janvier 1826 par Castel, qui fut son professeur et son intime ami.

1134. **Catalogue** raisonné des bijoux, porcelaines, bronzes, lacqs, lustres de cristal de roche et de Porcelaines, Pendules, Meubles, Tableaux, etc., provenant de la succession de M. Angran de Fonspertuis, rédigé par F. Gersaint. *Paris, P. Prault*, 1747 ; in-12, demi-rel. chagrin rouge. 25 fr.

Frontispice de Cochin. — Prix d'adjudication.

1135. **Catalogue** des tableaux du Cabinet de M. Crozat, baron de Thiers. *Paris, De Bure*, 1755 ; in-8, demi-rel. dos et coins de mar. chagr. rouge. 20 fr.

A la suite on a relié le catalogue des tableaux du cabinet de M. L'Argillière, peintre du Roi. Paris 1765.

1136. **CATULLUS, TIBULLUS et PROPERTIUS**; et quæ sub Galli nomine circumferuntur; cum selectis variorum commentariis. Accurante Simone abbes Gabbema. *Trajecti ad Renum, typis Gisberti à Zijll, et Theodori ab Ackersdijck*, 1659 ; un tome en 2 vol. pet. in-8, mar. bleu, dos orné, fil., tr. dor. (*Rel. anc.*). 1.600 fr.

Très bel exemplaire de LONGEPIERRE, avec la Toison d'or sur le dos et les plats de la reliure, qui est de toute fraîcheur.

1137. **Catulle, Tibulle et Gallus**. Traduction en prose de Catulle, Tibulle et Gallus, par l'auteur des Soirées helvétiennes et des Tableaux. *Amsterdam et Paris, Delalain*, 1771 ; 2 vol. in-8, veau marb., dos orné, fil., tr. dor. (*Rel. anc.*). 20 fr.

2 frontispices par *Eisen* gravés par *de Longueil*.

1138. **Caylus.*** Œuvres complètes du comte de Caylus. *Amsterdam et Paris*, 1787 ; 12 vol. in-8, port. et fig., veau marbré. 60 fr.

Portrait par *Cochin* et 24 jolies figures par *Marillier*.

1139. **Cérémonies** de gages de bataille selon les constitutions du bon roi Philippe de France. *Paris, impr. de Crapelet*, 1830 ; gr. in-8, fig., demi-rel. dos et coins de mar. rouge, dos orné, tête dor., *non rogné*. 20 fr.

11 planches lithographiées par Mlle *Formentin*.

1140. **Cham** et **Daumier.** Actualités. *Paris* (*vers* 1856) ; in-4 obl., demi-rel. mar. rouge. 20 fr.

Album de 57 compositions humoristiques dont 21 par *Cham* et 36 par *Daumier*.

1141. **Champfleury**. Les Souffrances du professeur Delteil. Vignettes par Crafty. 5e édition. *Paris, Rothschild*, 1870 ; pet. in-8, br. 10 fr.

Édition de luxe. Vignettes de *Crafty*.

1142. **Champfleury**. La Succesion Le Camus. *Paris, Poulet-Malassis*, 1860 ; in-12, cart., *non rogné* (*Knecht*). 6 fr.

Frontispice à l'eau-forte par *François Bonvin*.

1142bis. *Le même. Paris*, 1860 ; in-12, br. 6 fr.

1143. **Champfleury**. Ma Tante Péronne. *Paris, A. Faure*, 1867 ; in-12, cart., *non rogné*. 4 fr.

ÉDITION ORIGINALE.
Couverture conservée.

1144. **Chansons** de Raoul sire de Crequy. Monument de la langue artésienne au XIVe siècle publié d'après un ms. *Douai, impr. Wagrez*, 1836 ; in-8, demi-rel. dos et coins de cuir de Russie, tête dor., *non rogné*. 12 fr.

Rare. Tiré à 25 exemplaires.
On a relié à la suite : *Complainte ou élégie romane sur la mort d'Enguerrand de Crequi* publiée par Ed. Le Glay. Paris, 1834 (tirage à 60 ex.) — *Lieder Guillemus IX*. Tubingen, 1848. — *Le Pas de Salhadin, pièce humoristique en vers* publiée par Trebutien, Paris, 1836.

1145. **Chansons**. Nouveau recueil de chansons choisies, avec les airs notés. *A Genève* (*Cazin*), 1785 ;

4 vol. pet. in-12, veau fauve, dos orné, tr. dor. 30 fr.

Le tome 4e renferme les chansons libres et joyeuses.

1146. **Chansons**. XVe livre de Chansons pour danser et pour boire. *Paris, Robert Ballard*, 1646 ; pet. in-8, mar. vert, dos orné, fil., tr. dor. (*David*). 40 fr.

Ce recueil renferme 46 chansons par Mollier, Boyer, Beaulieu et autres. Bel exemplaire.

1147. **Chapelain**. La Pucelle, ou la France delivree. Poëme héroïque. *Suivant la copie imprimée à Paris*, 1656 ; pet. in-12, front. et fig., mar. rouge, dos orné, fil., tr. dor. (*Capé*). 50 fr.

Bel exemplaire de cette jolie édition imprimée par *Jansson d'Amsterdam*, et pouvant se joindre à la collection elzévirienne.

1148. **Chartier**. Le Curial de M. Alain Chartier, secrétaire du Roy Charles septième, où il est amplement traitté de la vie et des mœurs des courtisans, des malheurs et calamitez des hommes qui conviennent très bien à cest aage. Reveu et corrigé de nouveau, avec les cottations tant des histoires sainctes que prophanes, par Daniel Chartier, Orléanois, sieur de La Boulardière. *Paris, Pierre Chevillot*, 1582 ; pet. in-8 de 8 ff. lim. et 104 ff., mar. rouge jans., tr. dor. (*Trautz-Bauzonnet*). 100 fr.

Traduction d'une épitre latine d'Alain Chartier adressée à son frère en 1430. Daniel Chartier, à qui l'on doit cette édition, y a joint une notice historique sur la vie de son aïeul.

Exemplaire du comte d'AUFFAY et de FIRMIN-DIDOT.

1149. **Chavette** (Eugène). Les petites Comédies du Vice. *Paris, Marpon et Flammarion*, 1879 ; in-12, br., couv. ill. 15 fr.

Exemplaire sur PAPIER VERGÉ illustré de 8 eaux-fortes de *Benassit*.

1150. **Chevillard** (Jacques). Chronologie des Rois de France depuis Faramond jusqu'à présent (Louis XIV). *Paris, Chevillard, s. d.* ; une feuille in-plano, montée sur toile. 40 fr.

Blasons gravés en taille-douce de tous les rois et reines de France depuis l'origine de la Monarchie jusqu'à Louis XIV. Rare.

1151. **Choderlos de Laclos**. Les Liaisons dangereuses ou lettres recueillies dans une société et publiées pour l'instruction de quelques autres. *Londres* (*Paris*), 1796 ; 2 vol. in-8, mar. rouge, dos ornés, fil., tr. dor. (*Chambolle-Duru*). 250 fr.

Superbe exemplaire en PAPIER VÉLIN, orné de 2 frontispices et 13 figures par *Monnet* et *Mlle Gérard*, gravés par *Baquoy, Duplessi-Bertaux, Dupréel, Godefroy, Langlois*, etc.

1152. **Chorier** (Nicolas). Le nobiliaire de la province de Dauphiné, et supplément. *Grenoble, Fr. Champ*, 1697 ; 4 vol. in-12, veau (*Rel. anc.*). 80 fr.

RARE.

1153. **Christie** (Richard Copley). Etienne Dolet, le Martyr de la Renaissance. Sa vie et sa mort, ouvrage traduit de l'anglais sous la direction de l'auteur Richard Copley Christie par Casimir Stryenski. *Paris, Fisbacher*, 1886 ; in-8, br.

Publié à 15 fr. 5 fr.

1154. **Chronologie**. Chronologie des Souverains Pontifes, Empereurs, Roys, Princes, Grands Seigneurs et Hommes illustres dès le commencement du monde jusqu'en l'an 1622. *A Paris, chez Abdias Buizard*, 1622 ; in-fol. portraits, mar. rouge, dos orné, fil. et comp. à la Du Seuil, tr. dor. (*Rel. anc.*). 450 fr.

Important ouvrage connu sous le nom de *Chronologie collée*. Il renferme 21 chapitres différents donnant les portraits gravés des patriarches, faux dieux, empereurs, papes, rois, reines et princesses, personnages illustres, etc.

Le vingtième qui a pour titre : *Portraicts de plusieurs hommes illustres qui ont fleury en France depuis l'an 1500 jusqu'à présent*, est orné de 144 portraits par *Th. de Leu*, de tous les personnages importants du XVIe siècle : Rabelais, Marot, Ronsard, Du Bellay, Remy Belleau, Jodelle, Mellin de Saint-Gelais, Erasme, Guillaume Postel, Colligny, Montluc, de Thou, Plantin, Robert Estienne, Clouet, Henri d'Albret, Budet, etc., etc.

Exemplaire aux armes et au chiffre de BALATHIER-LANTAGE.

1155. **Chronicon** Saxonicum ex Mss Codicibus nunc primum integrum edidit ac latinum fecit. Edmundus Gibson. *Oxonii*, 1692 ; in-4, veau, dos orné. 20 fr.

Curieuse chronique dont cette édition donnée par Gibson est la meilleure.

1156. **Chronique** (La) des Roys de France, puis Pharamond jusques au Roy Henry, second du nom, selon la computation des ans, jusques en l'an 1549. Le catalogue des Papes, puis S. Pierre jusques à Paul, tiers du nom. Catalogue des empereurs, puis Octavian Cesar jusques à Charles V du nom. *Paris, Galiot du Pré*, 1549. — Recherches des connestables, mareschaux et admiraux de France... par M. A. Mathas. *Paris, Fr. Julliot*, s. d. — Ens. 2 ouvrages rel. en un vol. in-12, veau brun. 25 fr.

Quelques feuillets sont déchirés en marge. Mouillures.

1157. **Ciacconius** (Alp.). Vitae et res gestae pontificum romanorum et cardinalium, ab initio nascentis ecclesiae, usque ad Urbanum VIII, auctoribus Alphonso Ciaconio... *Romae, Typis Vaticanis*, 1630 ; 2 vol. in-fol., fig., mar. rouge, dos orné, encad. de fil. avec coins or, tr. dor. (*Rel. anc*). 200 fr.

Edition originale de cet ouvrage extrêmement important pour l'histoire du Sacré Collège. Nombreux portraits gravés sur bois. Exemplaire aux armes de Camille de Neuville de Villeroy, abbé d'Aisnoy, plus tard arch. de Lyon.

1158. **Cicéron**. Vonn Gebüre und Billicheit. Des fürtreflichen hochberumpten Romers M. T. Ciceronis, drei Bücher an seinen Sün Marcum. *Gedruckt zu Frankfurt am Meyn, bei Chr. Egenolff*, 1550 ; in-fol. de 4 ff. lim. et 91 ff. chiffrés, fig. sur bois, mar. rouge, fil., dos orné, tr. dor. (*Belz-Niédrée*). 350 fr.

Edition ornée de 103 figures sur bois, gravées par *Hans Scheufelein* et *Burgkmaier*. Très bel exemplaire.

1159. **Cicéron**. Opera, cum optimis exemplaribus accurate collata. *Lugd. Batavorum, ex officina Elzeviriana*, 1642 ; 10 vol. pet. in-12, portr., mar. rouge, dos orné, fil., tr. dor. (*Rel. anc.*). 100 fr.

Haut. 125 mm.

1160. **Cicquot**. Les Paraboles de Cicquot en forme d'aduis sur l'estat du roy de Nauarre. *Paris, jouxte la Coppie imprimée à Lyon*, 1593 ; mar. bleu jans., tr. dor. (*Belz-Niédrée*). 50 fr.

Libelle facétieux dirigé contre Henri IV, dont l'auteur s'est dissimulé sous le nom de Chicot, fou de Cour qui vivait alors.

1161. **Clément** (Ch.). Gleyre, étude biographique et critique avec le Catalogue raisonné de l'œuvre du maître. *Paris, Didier et Cie*, 1878 ; gr. in-8, br. 10 fr.

Ouvrage orné de 30 photogravures.

1161bis. *Le même*, sans les photogravures. 6 fr.

1162. **Coclès**. La Physionomie naturelle, et la Chiromance de Barthélemy Cocles, de Boulogne, docteur en médecine, où par les traités et les signes du visaige et par les marques et les Lineamens de la main, on peut connaître les mœurs, les complexions, le naturel et l'intérieur de toutes personnes. *Rouen, J.-B. Besongne*, 1698 ; in-12, vélin blanc (*Rel. anc.*). 25 fr.

Figures en bois

1163. **Code** de la Librairie et Imprimerie de Paris, ou conférence du règlement arrêté au conseil d'Etat du roy, le 28 février 1723, et rendu commun pour tout le royaume par arrêt du conseil d'Etat du 24 mars 1744. *Paris, aux dépens de la communauté*, 1744 ; in-12, mar. rouge, dos orné, large dent., tr. dor. (*Rel. anc.*). 150 fr.

Bel exemplaire.

1164. **Collection** universelle des Mémoires particuliers relatifs à l'Histoire de France (recueillis par Roucher, Ant. Perrin, L. Dussieux et autres, publiés avec des observations par Duchesnay). *Londres et Paris*, 1785-1791 ; 71 vol. in-8, veau (*Rel. anc.*). 125 fr.

Joinville. — Duguesclin. — Boucicaut. — La Marche. — Commines. — Jean de Troyes. — Du Bellay. — Montluc. — Tavannes. — Vieilleville. — Boivin. — Rabutin. — Castelnau. — Cheverny. — Marguerite de Valois. — Caget. — Villeroy. — Brantôme. Etc.

1165. **Collection** de M. John W. Wilson exposée dans la galerie du cercle artistique et littéraire de Bruxelles. *Paris, J. Claye*, 1873 ; in-4, br. 40 fr.

TROISIÈME ÉDITION. Exemplaire sur PAPIER DE HOLLANDE, orné de 68 eaux-fortes par *Boilvin, Chauvel, Gaucherel, Jacquemart, Lalauze, Waltner*, etc.

1166. **Collin d'Harleville**. Œuvres. Nouvelle édition enrichie d'une notice sur sa vie. *Paris, Janet et*

Cotelle, 1821 ; 4 vol. in-8, demi-rel. dos et coins de mar. bleu, dos orné, tête dor., *non rognés*. 35 fr.

Très bel exemplaire en GRAND PAPIER VÉLIN, orné du portrait de l'auteur.

1167. **Combe.** (Wm). The Tour of Doctor Syntax in Search of the Picturesque, seventh édition. *London, Ackermann's*, 1817 ; in-8, bas. dos orné, dent., *non rogné*. 120 fr.

Titre gravé et 31 dessins humoristiques en couleur de T. Rowlandson.

1168. **Concile de Trente.** Le Saint Concile de Trente, oecuménique et général, célébré sous Paul III, Jules III et Pie IV, Souverains Pontifes. Nouvellement traduit par M. l'abbé Chanut. *Paris, Séb. Mabre - Cramoisy*, 1680 ; in-12, réglé, mar. rouge, dos orné, fil., doublé de mar. rouge, dent., tr. dor. (*Rel. anc.*). 80 fr.

1169. **Contejean** (Ch.). Eléments de géologie et de paléontologie, *Paris, J.-B. Baillière*, 1874 ; in-8, cart. de l'éditeur. 8 fr.

Illustré de 467 figures intercalées dans le texte. Publié à 16 fr.

1170. **Contes** à rire et Aventures plaisantes ou Récréations françaises. Nouvelle édition revue et corrigée, avec préface, par A. Chassant. *Paris*, 1881 ; pet. in-8, de plus de 400 pages, tiré à grand luxe sur pap. Whatman, front. 10 fr.

Aventures singulières, curieuses et joyeuses, propos galants ou grotesques, facéties spirituelles, saillies pétillantes, tours plaisants, janoteries et paysanneries.

En résumé une ample comédie en cent actes divers.

Ce recueil n'est pas du genre licencieux, mais le sel gaulois y abonde.

1171. **Contes** et nouvelles en vers, par Voltaire, Vergier, Sénecé, Perrault, Moncrif, et le P. Ducerceau. *Paris, Leclere fils*, 1862 ; 2 vol. pet. in-8, demi-rel. chagr. bleu, tr. rouge. 30 fr.

Charmantes figures de *Duplessi-Bertaux*.

L'un des 100 exemplaires sur papier vélin.

1172. **Conty.** Les devoirs des grands par Monseigneur le Prince de Conty, avec son testament. *Paris, Denys Thierry*, 1666 ; pet. in-8, réglé, mar. noir, dos orn., fil. sur les pl., dent. int., tr. dor. (*Rel. anc.*) 60 fr.

Édition originale, publiée par le sieur de Vigan, gouverneur des pages du Prince de Conty. Bel exemplaire, orné de Croix de Lorraine sur le dos.

1173. **Cooper** (J.-F.). Œuvres, traduction Defauconpret. *Paris, Furne, Pagnerre, Perrotin*, 1862 ; 30 vol. in-8, br. 80 fr.

Vignettes sur acier.

1174. **Cooper** (J. F.). Œuvres complètes, trad. de M. Defauconpret. *Paris, Furne*, 1830 ; 30 vol. in-8, fig., demi-rel. chag., non rog. 100 fr.

1175. **Coppée** (François). Le Pater, drame en un acte, en vers. *Paris, Lemerre*, 1890 ; in-12, br., couv. 40 fr.

PREMIÈRE ÉDITION, illustrée de 4 AQUARELLES ORIGINALES de *A. Bligny*.
Exemplaire sur PAPIER WATHMAN.

1176. **Corneille** (Pierre). Le Théâtre de P. Corneille. Reveu et corrigé par l'autheur. *Imprimé à Rouen et se vend à Paris, chez Th. Jolly*, 1664 ; 2 vol. in-fol., portr. et front. gravé, mar. rouge, dos orné, large dent., comp., tr. dor. 300 fr.

Édition dont le texte a été revu par Corneille pour la 3e fois. Exemplaire provenant de la bibliothèque de M. Ambroise FIRMIN-DIDOT.

Très bel exemplaire avec témoins.

1177. **Corrozet et Champier.** Le Catalogve des antiques érections des villes et cités, fleuues et fontaines, assises ès troys Gaules cest assauoir Celticque, Belgicque et Aquitaine contenant deulx liures. Le premier faict et composé par Gilles Corrozet, Parisien, le second par Claude Champier, Lyonnois, auec ung petit Traicté des fleuues et fontaines admirables estans esdictes Gaules, histoire tres utile et delectable nouuellement mise en lumière. *On les vend à Lyon, chez Françoys Juste, s. d.* Pet. in-16, caract. goth., fig. sur bois, mar. rouge jans., dent. int., tr. dor. (*Cuzin*). 200 fr.

Jolie édition imprimée en lettres rondes, ornée de curieuses figures. Dans le traité des *Fontaines admirables* se trouvent citées les diverses eaux minérales (*fontaines chaudes*) que l'on connaissait à cette époque.

L'ouvrage se termine par le traité de Claude Champier : *Des saincts lieux de Gaule, là ou nostre seigneur par l'intercession des saincts, faict plusieurs miracles.*

1178. **Corrozet** (Gilles). Hecatomgraphie, c'est-à-dire les déclarations de plusieurs apophtegmes, proverbes, sentences et dictz, tant des anciens que des modernes. *S. l. n. d.* (*Lyon, Denis de Harsy*), *vers* 1540; pet. in-8 de 52 ff. non chiffr., vélin. 100 fr.

Édition portant sur le titre la marque de l'Icarus qui est celle de Denis de Harsy, imprimeur lyonnais.

Cette impression offre diverses variantes avec les trois éditions de 1540, 1541 et 1543, données par Janot, ce qui ferait supposer qu'elle est antérieure à celles-ci et par conséquent la première.

La même reliure renferme également : 1° *Le Théâtre des Bons Engins auquel sont contenus cent emblèmes* (*par Guill. de La Perrière*). S. l. n. d., in-8 de 28 ff.

Edition également imprimée par D. de Harsy, de Lyon, et que Brunet considère comme l'originale. (Exemplaire incomplet du f. D.).

2° *La Parfaicte et absolue raison de chiromancie par André Corve ou Corbeau*. Fragment auquel il manque les 17 premiers ff.

3° *L'Armeure de pacience*. Paris, Jean André, 1537, pet. in-8 goth. (incomplet du titre et d'un f.).

1179. **Corrozet** (Gilles). Le Thresor des histoires de France, contenant sommairement les origines, dignitez des magistrats et offices de France. *Paris, Jean Corrozet*, 1633; in-12, vélin blanc (*Rel. anc.*) 10 fr.

1180. **Costumes parisiens**, à l'époque de la Restauration ; 3 vol. in-8, demi-rel., dos et coins de veau. 150 fr.

252 planches finement coloriées de costumes de femmes et d'hommes, extraites du Journal des Dames et des Modes, années 1822, 1824 et 1825.

1181. **Costumes**. Petite Galerie Dramatique, ou Recueil de différens costumes d'acteurs des Théâtres de la Capitale. *Paris, Martinet, s. d.;* 4 vol. in-8, demi-rel. mar. rouge, dos orné, têtes dor. 450 fr.

Importante collection de 552 planches de costumes d'acteurs et d'actrices, gravées, coloriées et dessinées par *Duplessi-Bertaux, Carlet, H. Vernet, Maleuvre, Joly, Merle*, etc. Cette série formée des premières planches publiées à partir de 1800 contient les titres, tables, avertissements, etc., et les planches sont du *premier coloris*.

Les planches ne sont pas rangées suivant l'ordre numérique, mais par ordre alphabétique des noms d'acteurs.

1182. **Couillard** (Antoine). Les Antiquitez et singularitez du monde, par le seigneur du Pavillon près Lorriz. *Paris, Jean Dallier*, 1557; pet. in-8, mar. brun, dos orné, enc. de fil., tr. dor. 100 fr.

Rare édition que seul Du Verdier a connue et bien datée. Elle est dédiée à Gaspard de Coligny « admiral de France ».

On trouve à la fin de la dédicace la devise d'Antoine Couillard : « *On t'a ci rendu loial* », répétée à la fin du volume, qui donnerait en anagramme, si les premières lignes du « Poeme » ne le faisait connaître, le nom véritable de l'auteur.

1183. **Courier** (Paul-Louis). Œuvres. Avec notice et notes par de Fr. de Caussade. *Paris, Lemerre*, 1880; in-12, br. 10 fr.

Exemplaire sur papier Whatman.

Portrait gravé à l'eau-forte par *Monziès*, tiré en double état : bistre et noir.

1184. **Courmes** (Alfred). Jours d'amour. *Paris, Charpentier*, 1885; in-18, br. 6 fr.

Édition originale. Un des 25 exemplaires sur papier de Hollande.

1185. **Courmont** (Louis de). Feuilles au vent. Poésies. *Paris, Tresse*, 1884; gr. in-8, br. 8 fr.

Portrait et illustrations par *Beauvais, Duvivier, Millot*, etc., dont quelques-unes gravées à l'eau-forte. Publié à 20 francs.

1186. **Courses de Testes et de Bague** faittes par le Roy (Louis XIV) et par les pinces et seigneurs de sa cour en l'année 1662 (rédigé par Ch. Perrault, avec une relation en vers latins par Fléchier). *Paris, Impr. Royale*, 1670; gr. in-fol. front. et pl. gr. veau brun (*Rel. anc. fat.*) 200 fr.

Ouvrage très recherché, orné d'un frontispice contenant un beau portrait en buste de Louis XIV et de 96 planches ou figures gravées par *Chauveau, Israël, Silvestre*, etc. Ce divertissement fut inventé par M. de Vigaranie, machiniste du Roi et les costumes furent dessinés par M. Gieffé, dessinateur du cabinet de Sa Majesté.

Exemplaire du premier tirage; légère mouillure; cassure raccommodée dans la marge extérieure du dernier f.

1187. **Courty** (Paul). Poésies et Pensées, avec un portrait gravé à l'eau-forte par Ch. Courty et une Préface d'Edmond Thiaudière. *Paris, Cerf*, 1894; gr. in-8, br. 4 fr.

1188. **Courval-Sonnet**. Les Œuvres satyriques du Sieur de Courval-Sonnet, homme Virois. Seconde et revue, corrigée, et augmentée par l'autheur. *Paris, Boutonné*,

1622 ; in-8, mar. rouge jans., tr. dor. (*Trautz-Bauzonnet*). 125 fr.

Portrait gravé en taille-douce par *Matheus*.

1189. **Courval-Sonnet**. Les Satyres du Sr Thomas de Courval-Sonnet et satyre Menippée sur les poignantes traverses du mariage. *Paris, Rolet Boutonné,* 1621 ; in-8, portrait, mar. citron, fil., dent. intér., dos orné, tr. dor. (*Thibaron-Jolly*). 200 fr.

Édition rare. Elle est dédiée à la reine Marie de Médicis. En tête de la première satire se trouve un superbe portrait de l'auteur, très finement gravé, signé : *Matheus fecit*.

54 pp. liminaires. 112 pp. pour les satires. 102 pp. pour la Satyre Ménippée sur les poignantes traverses du mariage. 1 f. pour le privilège.

1190. **Coustumes** du Païs de Normandie, anciens ressors, et enclaves d'iceluy. *Paris, Rouen, Martin Le Mesgissier,* 1586 ; in-4, mar. fauve, dos orné de feuillages, tr. dor. (*Rel. anc.*) 100 fr.

Belle édition donnée par G. Lambert, bailly de St-Sauveur le vicomte, et dédiée par lui à Anne de Joyeuse, amiral et pair de France. Exemplaire réglé et grand de marges. Piqûres de vers dans les marges.

1191. **Coutume** de Bretagne, et usances particulières de quelques villes et territoires de la mesme province. Avec des observations très sçavantes, quantité de décisions et d'arrêts, par M.***. *Nantes, Verger,* 1725 ; in-4, veau. 15 fr.

Ces observations, dites de l'anonyme, sur les coutumes de Bretagne, ont été rédigées par M. Motays, avocat au Parlement de cette province.

1192. **Coustume** (La) du duché de Bourgongne, enrichie des commentaires faicts sur son texte par les sieurs Begat, président, et Depringlé, advocat au Parlement de Dijon. *Imprimé à Lyon (par Jean Grégoire), et se vend à Chalon sur Saône, chez Pierre Cusset,* 1652 ; in-4, veau. 15 fr.

1193 **Coustumier** (le grant) de Bourgongne. Bartholomei a Chasseneo... tertia recognitio commentariorum in consuetudines ducatus Burgundie precipue : immo et totius pene Gallie secundario. *Parisiis, Fr. Regnault,* 1534 ; in-4, goth. vélin à recouvrements. 120 fr.

Rare édition de ces coutumes. La collation donnée par Brunet étant incomplète nous la rétablissons ici : le volume comprend 4 ff. lim., 312 ff. de texte et 42 ff. (le dernier blanc) pour l'*Index materiarum* avec achevé d'imprimer du 3 octobre 1534. Suit : *la Table des additions du grant coustumier de Bourgongne dernierement imprimée à Lyon l'an 1535.* (A la fin :) Excussum anno ab orbe redempto tricesimo quinto supra sesquimillesimum (1535) die vers 25 decembris, 48 ff. — Le titre des Coutumes est illustré par les portraits de Bartholus, Baldus, Paulus de Castro, Turrecremata, Panormita, Felinus, etc., gravés sur bois.

Le titre a été restauré.

1194. **Dalibray**. Les Œuvres poétiques du sieur Dalibray, divisées en vers bachiques, satyriques, héroïques, amoureux et chrétiens. *A Paris, chez Antoine de Sommaville, au palais, dans la petite salle, à l'Ecu de France,* 1653 ; in-8, mar. rouge, fil., dos orné, tr. dor. (*Trautz-Bauzonnet*). 150 fr.

Superbe exemplaire de ces poésies qui ne sont pas sans mérite et se trouvent difficilement.

1195. **Daniel** (le Père). Histoire de la Milice françoise, et des changements qui s'y sont faits depuis l'établissement de la monarchie dans les Gaules, jusqu'à la fin du règne de Louis le Grand. *Paris, Coignard,* 1721 ; 2 vol. in-4, veau, dos orné (*Rel. anc.*). 30 fr.

70 planches en taille-douce représentant les costumes et armures des gens de guerre, les armes, engins et les machines propres à l'attaque et à la défense, les sièges de places fortes, etc., etc.

Bel exemplaire d'un ouvrage réputé.

1196. **David** (P. Joanne). Duodecim specula Deum aliquando videre desideranti concinnata. Antverpiæ, *ex-off. Plantiniana apud J. Moretum ;* pet. in-8, fig. mar. bleu, dos et plats ornés, dent. int., tr. dor. 100 fr.

Frontispice et 12 figures en taille-douce de *Th. Galle*. Rare.

1197. **Décade philosophique** (La) littéraire et politique. *Paris, l'an II* (1793)-1802 ; 33 vol. in-8, pl., demi-rel. bas. 100 fr.

Collection très estimée s'étendant dans cet exemplaire du 10 floréal an II au 30 prairial an X.

La Décade philosophique est le premier recueil littéraire qui sortit des orages de notre Révolution ; ce fut comme la résurrection du goût et des principes en littérature, en morale et en politique. Ses principaux rédacteurs étaient Say, Amaury, Duval, Lebreton et Andrieux. (*Hatin, Bibliogr. de la Presse*, p. 246).

1198. **Delaborde** (Henri). Ingres, sa vie, ses travaux, sa doctrine, d'après les notes manuscrites et les lettres du maître. *Paris, Henri Plon*, 1870 ; in-8, br. 5 fr.

Portrait gravé au burin par *Morse*, et fac-simile d'autographe.

1199. **Delamare**. Traité de la police où l'on trouvera l'histoire de son établissement, les fonctions et les prérogatives de ses magistrats, toutes les lois et tous les règlemens qui la concernent. *Paris*, 1705-1738; 4 vol. in-fol., veau, dos ornés. 50 fr.

Ouvrage rempli de recherches curieuses. On y trouve une description historique et topographique de Paris et huit plans gravés qui représentent l'ancien état de cette ville et ses divers accroissements.

1200. **Delepierre** (Octave). Supercheries littéraires, pastiches, suppositions d'auteur, dans les lettres et dans les arts. *Londres, Trübner*, 1872 ; pet. in-8, br. 5 fr.

1201. **Delille**. Œuvres de Jacques Delille. *Paris, Giguet et Michaud*, 1802-1812; 19 vol. in-8, fig., veau fauve, dos orné, dent., tr. dor. (*Rel. anc.*). 50 fr.

Bel exemplaire orné de 38 figures comprenant : Poésies fugitives, 1802, 1 portrait par *Saint-Aubin* et 1 fig. par *Boizot*. — La Pitié, 1803, 4 fig. par *Monsiau*. — Les Géorgiques, 1804, 1 portr. par *Pujos* et 4 fig. par *Moreau*. — L'Enéide, 1804, 4 fig. par *Moreau*. — L'Homme des champs, 1805, 4 fig. par *Catel*. — L'Imagination, 1806, 3 fig. par *Mirys*, 1 par *Lebarbier* et 1 par *Monsiau*. — Les Jardins, 1808, 1 fig. par *Monsiau*. — Les trois Règnes de la Nature, 1808, 5 fig. par *Mirys* et 1 par *Moreau*. — La Conversation, 1812, 1 fig. par *Girodet*, 1 par *Taunay* et 1 par *Leroy*. — Essai sur l'homme, 1820, 2 fig. de *Pope* et *Mirys*. — Œuvres posthumes, 1821, 2 fig.

1202. **Delvenne** père. Biographie du royaume des Pays-Bas, ancienne et moderne, ou histoire abrégée de la vie publique et privée des Belges et des Hollandais qui se sont fait remarquer par leurs écrits, leurs actions, etc. *Liège, Vve Désœr*, 1828-1829 ; 2 vol. in-8, demi-rel. veau fauve. 8 fr.

1203. **Demoustier**. Lettres à Émilie sur la Mythologie, avec une préface par Paul Lacroix. Frontispices gravés par Lalauze. *Paris, librairie des Bibliophiles*, 1883 ; 3 vol. in-16, br. 12 fr.

1204. **DENTELLES**. DU DEBVOIR DES FILLES. Traicté brief, et fort utile, divisé en deux parties : la première est, de la dignité de la femme, de ses déportements et debvoirs ; des bonnes parties et qualités requises aux filles qui tendent au mariage. Par Frère Jean-Baptiste de Glen. *A Liège, chez Jean de Glen*, 1597 ; 2 part. en un vol. pet. in-4 obl. — Les singuliers et nouveaux Pourtraicts pour toutes sortes de Lingerie, de Jean de Glen. *A Liège, chez Jean de Glen*, 1597 ; pet. in-4 obl. Ens. en un vol. pet. in-4, veau, tr. dor. et ciselées (*Rel. anc.*). 1.000 fr.

Le premier de ces précieux recueils se compose de 8 ff. prélim. (le 1er blanc) avec les armoiries d'Anne de Cray au verso du titre à laquelle l'ouvrage est dédié. 120 pp. chiffr. et 20 planches de broderies. — Le second de 6 ff. prélim. et 20 planches de patrons de lingerie.

Ces deux ouvrages sont extrêmement rares à rencontrer complets, surtout avec les feuillets lim. de la seconde partie que M. Van der Hagen signale dans sa *Bibliotheca belgina*.

La 10e planche qui manquait, a été fac-similé d'une façon parfaite, d'après l'exemplaire de la bibliothèque royale de Bruxelles.

1205. **Deric**. Histoire ecclésiastique de Bretagne, par M. Deric. Deuxième édition. *Saint-Brieuc*, 1847 ; 2 vol. in-4, br. 30 fr.

PAPIER VERGÉ.

1206. **Déroulède** (Paul). Chants du soldat. *Paris, Calmann Lévy*, 1888 ; in-8, demi-rel. mar. brun, *non rogné*. 8 fr.

Figures en noir et en couleurs gravées par *Guillaume frères*.

1207. **Deschamps** (Charles). Les Gouttes de sang. *Paris, Hurtau*, 1869 ; in-12, demi-rel. dos et coins de mar. orange, tête dor., *non rogné*. 7 fr.

ÉDITION ORIGINALE.

1208. **DESCRIPTION GÉNÉRALE** PARTICULIÈRE DE LA FRANCE (publiée par De Laborde, Guetthard, Beguillet, etc. *Paris, Pierres et Lamy*, 1781-1796 ; 12 tomes en 8 vol. gr. in-fol. demi-mar. rouge, coins, dos orné. (*Rel. anc.*). 1.000 fr.

Bel exemplaire. Le premier volume est

relié en plein mar. rouge, l'ornementation du dos est la même pour tous les volumes.
Superbe publication donnant les vues d'une infinité de monuments aujourd'hui disparus.

1209. **Desnoyers** (Fernand). Une Journée de Pick de l'Isère, suivie de quelques aventures du Gil Blas de la librairie française. *Paris, impr. Simon Raçon,* 1864 ; in-12, portr., cart., éb. 5 fr.

PAPIER VERGÉ.

1210. **Despine** (Constant). Manuel de l'étranger aux Eaux d'Aix-en-Savoie. *Anneci, Burdet,* 1834; in-8, demi-rel. mar. bleu, tête dor., *non rogné.* 7 fr.

Bel exemplaire encolé, orné de 9 lithographies.

1211. **Desplats** (Victor). Dictionnaire encyclopédique des Sciences. *Paris, Garnier,* 1885 ; gr. in-8, demi-rel. chagr. rouge. 10 fr.

1212. **Desportes**. Les Premières Œuvres de Philippe Des Portes, revues et corrigées et augmentées outre les précédentes impressions. *En Anvers, par Hermann Mersman,* 1582 ; in-16, mar. vert, dos orné, fil., tr. dor. (*A. Bertrand*). 65 fr.

Jolie petite édition imprimée en caractères italiques.

1213. **Detaille** (Édouard). L'ARMÉE FRANÇAISE. Types et Uniformes par Édouard Detaille. Texte par Jules Richard. *Paris, Boussod et Valadon,* 1885-1889 ; 2 vol. in-fol., mar. rouge, dos orné, encadr. de fil. avec couronnes de chêne et de laurier aux angles, sur les plats, doubl. et gardes de moire bleue, bordure int. de fil. dor. et au pointillé avec coins dor., tr. dor. sur fausses marges, couv. cons., étuis. (*Canape*). 2.000 fr.

Ouvrage contenant 60 planches en couleurs tirées hors texte et 280 planches en noir, insérées dans le texte, reproduisant par la photogravure les tableaux et aquarelles d'*Edouard Detaille*.
Exemplaire numéroté sur PAPIER DU JAPON, contenant les gravures avant la lettre et un tirage à part, en noir, sur papier du Japon, de toutes les illustrations.

1214. **Détré** (Ernest). Nina la Blonde, histoire réaliste d'une courtisane. *Paris, Dentu,* 1878 ; in-8, mar. brun, dos orné, fil., tête dor., *non rogné.* 15 fr.

ÉDITION ORIGINALE sur PAPIER DE CHINE. Envoi d'auteur au général Pittié.

1215. **Dictionnaire historique** des Mœurs, usages et coutumes des François (par Fr. Aubert de La Chesnaye-des-Bois). *Paris, Vincent,* 1767 ; 3 vol. in-12, veau, dos ornés (*Rel. anc.*). 15 fr.

1216. **Dictionnaire** militaire ou recueil alphabétique de tous les termes propres à l'art de la guerre. Seconde édition, revue, corrigée et augmentée. Par M. A. D. L. C. (Aubert de la Chesnaye-des-Bois). *Paris, David,* 1745 ; 3 vol. in-12, bas. 15 fr.

Le troisième volume forme le supplément.

1217. **Dieux** (Les) et demi-dieux de la Peinture, par MM. Théophile Gautier, Arsène Houssaye et Paul de Saint-Victor. *Paris, Morizot,* 1864 ; gr. in-8, demi-rel. chagrin brun, plats toile. 15 fr.

Vinci. — Giovanni da Fiesole. — Raphaël. — Corrège. — Michel Ange. — Titien. — Véronèse. — Halboin. — Rubens. — Rembrandt. — Murillo, etc.
Bel exemplaire, orné de figures au burin, gravées sous la direction de *L. Calamatta*, et tirées sur Chine.

1218. **Dons** (Les) des Enfants de Latone : la musique et la chasse du cerf, poème (par J. de Serré de Rieux). *Paris, Prault,* 1734 ; in-8, pl., veau. 30 fr.

Un frontispice et 6 figures par *Oudry* (dont 5 techniques) ; 50 planches de musique gravée.

1219. **Duboccage** (Mme). La Colombiade ou la foi portée au nouveau monde, poème. *Paris, Desaint et Saillant,* 1756 ; in-8, br. 20 fr.

Ouvrage orné d'un portrait par *Mlle Loir*, de 10 figures dessinées et gravées par *Chedel* et de 10 culs-de-lampe non signés.

1220. **Du Châtelet** (Marquise). Institution de Physique. *Paris, Prault,* 1740 ; in-8, front., mar. rouge, dos orné, fil., tr. dor. (*Rel. anc.*). 75 fr.

Ouvrage réputé, analysé par Voltaire, où sont exposés, avec une grande clarté, les principes de Newton, nouveaux alors en France.
Exemplaire orné de jolies vignettes en-têtes et de planches démonstratives, portant sur l'un de ses feuillets de garde cet envoi de l'auteur : « *Pour Monseigneur le Chancelier* [d'Aguesseau] *de la part de Madame la Marquise du Chastellet* ».

1221. **Du Choul** (Guill.). Discours sur la castramation et discipline militaire des Romains; des bains et antiques exercitations grecques et romaines ; de la religion des anciens Romains. *Wesel, André de Hoogenhuyse*, 1672; in-4, vélin. 15 fr.

Ouvrage curieux contenant de nombreuses figures gravées sur cuivre. Raccommodage au dernier feuillet.

1222. **Du Cleuziou** (Henri). L'Art national. Etude sur l'histoire de l'art en France. *Paris, Le Vasseur*, 1882-1883 ; 2 vol. gr. in-8, br. 35 fr.

Nombreuses figures hors texte et dans le texte. Ouvrage publié à 80 francs. Envoi d'auteur.

1223. **Du Fouilloux.** La Venerie de Jacques du Fouilloux, seigneur dudit lieu, gentilhomme du pays de Gastine en Poitou. *Paris, Cl. Cramoisy*, 1628; in-4, fig., cart. 120 fr.

A la suite : La Fauconnerie de Jean de Franchières.

1224. **Duhamel du Monceau.** Traité des arbres fruitiers. Nouvelle édition augmentée d'un grand nombre d'espèces de fruits obtenus des progrès de la culture, par A. Poiteau et P. Turpin, orné de 417 figures gravées et coloriées au pinceau sur les vélins originaux peints d'après nature par les auteurs. *Paris, Levrault*, 1835 ; 6 vol. in-fol. demi-rel. mar. violet avec coins, *non rognés*. 750 fr.

Ouvrage le plus beau et plus complet que l'on eût alors sur cette partie de l'histoire naturelle.
Exemplaire en grand papier vélin.

1225. **Dulaure.** Des Divinités génératrices, ou du culte du Phallus, chez les anciens et les modernes. *Paris, Lisieux*, 1885; in-8, br. 10 fr.

1226. **Dulaurens.** Le Balai, poëme héroï-comique en XVIII chants. *A Constantinople* (*Amsterdam*), *de l'Impr. du Mouphti*, 1761 ; in-12, mar. vert. dos orné, large dent. et dent. int., tr. dor. (*Rel. anc.*). 50 fr.

Bel exemplaire relié par *Bradel-Derome*.
1re édition de ce poëme irréligieux de l'abbé Henri Joseph du Laurens.

1227. **Dulaurens.** Le Compère Mathieu ou les Bigarrures de l'esprit humain. Nouvelle édition. *Londres*, 1777 ; 3 vol. in-12, mar. rouge jans., tr. dor. (*Belz-Niédrée*). 50 fr.

Bel exemplaire. Ce roman qui contient une philosophie très-hardie pour notre époque., fut condamné sous le second Empire, comme outrageant la morale publique et religieuse.

1228. **Du Lorens.** Les Satyres de M. Du Lorens, président de Chasteau-Neuf. *Paris, Antoine de Sommarville*, 1646 ; in-4, mar. bleu. tr. dor. (*Trautz-Bauzonnet*, 1850). 250 fr.

Edition rare de ces satires d'une facture originale ; elles ont fourni à Boileau quelques traits pour plusieurs des siennes.
Exemplaire de Ch. Nodier, relié depuis la vente de cet amateur, avec son *ex-libris* conservé. Il renferme les pp. 137-138, 183-184 et 203-204 qui manquent souvent.

1229. **Dumas** (Adolphe). Provence. *Paris, Hetzel*, 1840 ; in-8, demi-rel. dos et coins de chagr. brun, tête dor., *non rogné* (*Pouillet*) 10 fr.

1230. **Duplessi-Bertaux.** Recueil de sujets de divers genres, dessinés et gravés à l'eau-forte par J. Duplessi-Bertaux, précédé d'une notice historique sur la gravure à l'eau-forte et sur les artistes qui s'y sont distingués. *Paris, Thierry*, 1846 ; in-8 oblong, demi-rel. mar. rouge, dos orné. 25 fr.

40 sujets avant la lettre finement gravés La dernière planche est raccommodée.

1231. **Durand** (André). La Toscane. Album monumental et pittoresque exécuté sous la direction de M. le prince Anatole Démidoff. Dessiné d'après nature par André Durand et lithographié avec la collaboration d'Eugène Ciceri. *Paris, Dusacq et Cie* (*impr. Lemercier*), 1863 ; 3 vol. gr. in-fol., demi-rel. dos et coins de perc. bleue. 70 fr.

Superbe publication ornée de 100 magnifiques planches dessinées et lithographiées par *André Durand*. Cet excellent artiste étant mort avant l'achèvement de son œuvre, les dernières planches ont été lithographiées par *Eug. Ciceri*.
On a relié à la fin du 3e volume : *L'Ile d'Elbe*, 18 belles planches faisant une suite naturelle à la Toscane. Ces trois volumes contiennent donc 118 planches (avec texte explicatif), d'une exécution magistrale, soigneusement montées sur onglets.

1232. **Du Sommerard.** Les Arts au moyen âge, en ce qui concerne principalement le Palais romain de Paris, l'Hôtel de Cluny, issu de ses ruines, et les objets d'art de la collection classée dans cet Hôtel. Splendide ouvrage composé de 510 planches formant 3 vol. in-folio en feuilles et 5 vol. in-8 pour le texte, br. 500 fr.

Exemplaire d'AGLAUS BOUVENNE.

1233. **Dussieux**. Généalogie de la Maison de Bourbon de 1256 à 1869. *Paris, Lecoffre,* 1869 ; in-8, demi-rel. mar. rouge. 8 fr.

Tiré à 300 exemplaires numérotés, sur PAPIER VERGÉ.

1234. **Du Verdier** (Antoine). La Prosopographie ou Description des personnes insignes, enrichie de plusieurs effigies, et réduite en quatre livres. *Lyon, Antoine Gryphius,* 1573 ; in-4 réglé, fig. sur bois, mar. rouge jans., tr. dor (*Chambolle-Duru*). 250 fr.

On trouve dans cet ouvrage de curieux portraits de personnages de toutes les époques entre autres : Balde, Nicolas de Lyra, Albert le Grand, Bartole, Jean Huss, E. Dolet, Cardan, Balduni, Oronce, Finée, Alciot, Séb. Gryphe, etc.

Bel exemplaire avec témoins.

1235. **Élisée** (le P.). Sermons du R. P. Elisée, Carme déchaussé, Prédicateur du Roi. *Paris, J.-G. Mérigot le jeune,* 1785 ; 4 vol. in-12, mar. rouge, dos ornés, fil., tr. dor. (*Rel. anc*). 150 fr.

Aux armes de la Comtesse d'ARTOIS.

1236. **Entrée**. Voyage du Roy à Metz. L'occasion d'iceluy : Ensemble les signes de resjouissance faicts par ses habitans pour honorer l'entrée de Sa Majesté ; par Abraham Fabert. (*Metz*), 1610; pet. in-fol., vélin blanc (*Rel. moderne*). 300 fr.

Henri IV fit ce voyage en mars 1603, Abraham Fabert, sieur de Moulins, échevin de Metz et le plus célèbre imprimeur de cette ville, composa et imprima cette pièce qui contient quinze gravures en taille-douce, sans compter le frontispice et les armoiries du Duc d'Epernon, auquel l'ouvrage est dédié. L'un et l'autre portent le nom du graveur, *A. Vallée,* ainsi que quatre vues ou cartes de Metz et du pays Messin. Parmi les quinze autres planches représentant des cortèges, des arcs de triomphe, etc., on en remarque trois des plus curieuses : l'une représente l'entrée de Henri IV, à cheval sous un dais; l'autre, Marie de Médicis portée dans une litière ; la troisième, le combat nocturne et les feux d'artifice qui ont lieu dans la grande cour de l'évêché. Ce beau volume est fort RARE.

Qq. taches de mois au bas du vol.

1237. **Erasme.** L'Eloge de la Folie, traduit du latin d'Erasme, par Geudeville. Nouvelle édition revue et corrigée sur le texte de l'edition de Basle, ornée de nouvelles figures avec des notes (par Meunier de Querlon). *S. l.* (*Paris*), 1751 ; in-4, veau. 80 fr.

Exemplaire en GRAND PAPIER, orné d'un frontispice encadré, d'un fleuron de titre, de 13 estampes, d'une vignette et d'un cul-de-lampe par *Eisen*, gravés par *Aliamet, Delafosse, Flipart, Legrand, Le Mire, Martinasie, Pasquier, Pincio* et *Tardieu*.

1238. **Espion** (l') de Thamas Kouli-Kan dans les Cours de l'Europe, ou lettres et mémoires de Pagi-Nasir-Bek, contenant diverses anecdotes politiques pour servir à l'histoire du tems présent. Traduit du Persan par l'abbé de Rochebrune. *Cologne, Er. Kinkius,* 1746 ; in-12, mar. Lavallière, dos orné, double rangée de fil., tr. dor. 10 fr.

Frontispice de *Du Bourg* gravé par *Tanjé*.

1239. **Eutropius**. De Gestis romanorum libri decem. *Parisiis, apud Sim. Colinæum,* 1542. — Joach. Fortii Rinhelbergii Antverpiani Rhetorica. *Parisiis, apud Maur. de Porta,* 1539. En un vol. pet. in-8, veau. 15 fr.

1240. **Extrait** abrégé des vieux Mémoriaux de l'abbaye de Saint-Aubin-des-Bois en Bretagne. *Paris, Jannet,* 1853 ; in-12, mar. rouge, dos orné, fil., tr. dor. (*Hardy*). 15 fr.

Poème apocryphe à la louange de la maison de Matignon, publié par Francisque Michel.

Exemplaire sur PAPIER DE CHINE. Rare.

1241. **Farce** joyeuse et proffitable à un chacun, contenant la ruse, meschanceté et obstination, d'aucunes femmes par personnages. *S. l.,* 1596 ; in-8, mar. violet, dent. à froid, doublé de tabis, tr. dor. 35 fr.

Copie figurée sur vélin, par Fyot.

1242. **Fauchet** (Claude). Recueil de l'Origine de la langue et poésie françoise, ryme et romans ; plus les noms et sommaire des œuvres de CXXVII poëtes françois vivans avant l'an M. CCC. (par Claude Fauchet). *Paris, Mamert Patisson,* 1581 ; in-4, mar. rouge, dos orné, fil. à froid, tr. dor. (*Bauzonnet-Trautz*). 150 fr.

ÉDITION ORIGINALE, rare.

Exemplaire de Ch. NODIER, relié à nouveau, avec sa signature autographe sur un f. de garde.

1243. **Faustin** ou le siècle philosophique (par Doray de Longrais). *Amsterdam*, 1784; in-8, veau fauve, dos orné, fil., tr. dor. (*Rel. anc.*) 10 fr.

Très bel exemplaire dans une jolie reliure.

1244. **Favre** (Jules). Anathème. *Paris, L. Babeuf,* 1834 ; in-8, demi-rel. chagr. rouge, tête dor. *non rogné.* 8 fr.

Rare.

1245. **Félibien** (Michel). Histoire de la ville de Paris, composée par D. Michel Félibien, revue, augmentée et mise au jour par D. Guy-Alexis Lobineau. *Paris, Desprez et Desessartz*, 1725 ; 5 vol. in-fol., veau, dos ornés. 75 fr.

Vignettes et nombreuses planches gravées en taille douce.

1245bis. *Le même*. Grand pap. 125 fr.

1246. **Fialetti.** De gli Habiti delle Religione con le armi, e breve descrittion loro. Libro Primo (secundo e terzo). Opera di Odoardo Fialetti. *Venetia, a instanza di Marco Sadeler,* 1626 ; 3 parties en un vol. in-4, mar, bleu, dos orné, fil., *non rogné. (Reymann.)* 100 fr.

3 titres-frontispices gravés et 74 ff. numérotés contenant 72 planches de costumes d'ordres religieux du XVII° siècle gravées à l'eau-forte, avec texte explicatif et armoiries gravées sur la page en regard de chaque planche.

Libro primo, planches 1 à 26 ; libro secundo, planches 27 à 51 ; libro terzo, planches 52 à 74.

Bel exemplaire.

1247. **Figures de la Bible**. Représentations tirées du Vieux Testament et du Nouveau, inventées et dessinées par Catherine Sperling, célèbre peintre en miniature. *Se vendent dans le magasin de Jean Simon Negges, marchand d'estampes à Augsbourg, s. d.* ; 3 vol. pet. in-4, obl., pl. gr. vélin à rec. 250 fr.

283 planches pour l'ancien Testament et 90 planches pour le nouveau Testament.

Ouvrage rarement complet.

1248. **Flaubert** (Gustave). Salambô, préface par Léon Hennique. *Paris, A. Ferroud*, 1900 ; 2 vol. gr. in-8 br., couv. 160 fr.

Superbe publication, illustrée de 52 compositions de *Georges Rochegrosse*, gravées à l'eau-forte par *Champollion*. Exemplaire sur PAPIER VÉLIN D'ARCHES.

1249. **Fléchier**. HISTOIRE DU CARDINAL XIMENÈS, par Messire Esprit Fléchier, Évêque de Nismes. *Paris, Jean Anisson,* 1693 ; in-4, portr. grav. par *Edelinck*, fig. par *Séb. Leclerc*, mar. rouge, double rangée de fil., tr. dor. (*Du Seuil*) 1.000 fr.

ÉDITION ORIGINALE. Très bel exemplaire tiré sur GRAND PAPIER, aux armes de FLÉCHIER.

De la bibliothèque du comte de LIGNEROLLES.

1250. **Fournier-Verneuil**. Paris, tableau moral et philosophique. *Paris*, 1826 ; in-8, cart. toile, *non rogné,* couv. cons. (*Pierson*) 7 fr.

1251. **Franklin** (Alfred). La Sorbonne, ses origines, sa bibliothèque, les débuts de l'imprimerie à Paris et la succession de Richelieu d'après des documents inédits. Deuxième édition corrigée et augmentée. *Paris, Léon Willem,* 1875 ; pet. in-8, fig., br. 5 fr.

Un des 25 exemplaires tirés sur PAPIER DE CHINE. (n° 1).

1252. **Franklin** (Alfred). Précis de l'histoire de la bibliothèque du Roi, aujourd'hui bibliothèque nationale. Deuxième édition corrigée et augmentée. *Paris. Willem*, 1875 ; in-8, br. 6 fr.

Un des 25 exemplaires sur PAPIER DE CHINE. Armoiries et marques de bibliothèques reproduites dans le texte.

1253. **Gaguin** (Robert). L'Immaculée conception de la Vierge Marie. Poème de Robert Gaguin, docteur en Sorbonne, général des Mathurins (XVe siècle) ; suivi de Poésies diverses. Traduit pour la première fois, texte latin en regard, par Alcide Bonneau. *Paris*, 1885 ; pet. in-8, br. 6 fr.

On se fait généralement une idée très vague du mystère de l'Immaculée Conception, que l'on confond souvent avec celui de l'Incarnation de Jésus, et même, ce qui semble plus singulier, avec l'Assomption de la Vierge : ainsi le beau tableau de Murillo, au Louvre, est également connu sous le nom d'*Immaculée Conception* et sous celui d'*Assomption*. L'Immaculée Conception de Marie est son exemption du péché originel, à l'instant même de sa procréation par Anne et Joachim : question d'embryogénie sacré des plus délicates que les théologiens se contentent d'effleurer par discrétion, et que Robert Gaguin a seul traitée à fond en entrant

dans des détails physiologiques sans lesquels on ne saurait l'élucider.
Joli volume sur PAPIER DE HOLLANDE, tiré seulement à 170 exemplaires numérotés.

1254. **Gantez** L'Entretien des musiciens. Publié d'après l'édition rarissime d'Auxerre, 1643. Avec préface, notes et éclaircissements par Ern. Thoinan. *Paris, Claudin*, 1878; in-8, br. 12 fr.

Un des 100 exemplaires sur PAPIER DE Hollande, avec le frontispice en 4 états : noir, bistre, sanguine avec la lettre, et sur Japon avant toute lettre.
Ouvrage épuisé et rare.

1255. **Gautier** (Théophile). La Comédie de la Mort. *Paris, Desessarts*, 1838; in-8, front., demi-rel. veau, tr. jaspée. 12 fr.

ÉDITION ORIGINALE.

1256. **Gilbert**. Œuvres, avec des notes et variantes et une nouvelle notice par Amar. *Paris, Jules Didot*, 1824 ; 2 vol. in-12, port. grav., veau vert, dos orn., orn. à froid sur les plats, tr. dor. (*Rel. romantique*). 10 fr.

1257. **Goëthe**. Les souffrances du jeune Werther, traduites par le comte Henri de la B... (Bédoyère). Seconde édition. *Paris, impr, de Crapelet*, 1845 ; demi-rel. chagr. grenat, tête dor., *non rogné*, couv. cons. 20 fr.

Exemplaire sur PAPIER DE HOLLANDE, orné de 4 jolies figures dessinées par *T. Johannot* et gravées à l'eau-forte par *Burdet*. Quelques taches.

1258. **Goldsmith**. The Deserted Village, illustrated by the Etching Club. *London*, 1841 ; in-fol., mar. rouge, dos orné, dent., tr. dor. 120 fr.

Ce beau volume est accompagné de 40 pages gravées renfermant chacune deux sujets relatifs au poëme.

1259. **Goncourt** (Edmond de). Chérie. *Paris, Charpentier*, 1884 ; in-12, demi-rel. dos et coins de mar. brun, dos orné, tête dor., *non rogné*. 20 fr.

ÉDITION ORIGINALE. — L'un des 100 exemplaires tirés sur PAPIER DE HOLLANDE. Couverture conservée.

1260. **Concourt** (Jules de). Eaux-fortes de Jules de Goncourt. Notice et catalogue de Ph. Burty. *Paris, librairie de l'Art*, 1876 ; in-fol. *en feuilles*, dans un carton. 50 fr.

L'un des 100 exemplaires sur PAPIER DE HOLLANDE.

1261. **Goncourt** (Jules de). Lettres. Fac-similé de lettres Portrait d'après un émail de Claudius Popelin, gravé à l'eau-forte par E. Abot. *Paris, Charpentier*, 1885 ; in-12, demi-rel. dos et coins de mar. brun, dos orné, tête dor., *non rogné*. 18 fr.

ÉDITION ORIGINALE. — L'un des 10 exemplaires tirés sur PAPIER DU JAPON, Couverture conservée.

1262. **Goncourt** (Ed. et J. de). Pages retrouvées. Préface de Gustave Geffroy. *Paris, Charpentier*, 1886 ; in-12, demi-rel. dos et coins de mar. brun, dos orné, tête dor., *non rogné*. (*Pouillet*). 15 fr.

ÉDITION ORIGINALE. — L'un des 50 exemplaires tirés sur PAPIER DE HOLLANDE. Couverture conservée.

1263. **Goncourt** (Ed. et J. de). Sophie Arnould d'après sa Correspondance et ses Mémoires inédits. *Paris, Charpentier*, 1885 ; in-12, demi-rel. dos et coins de mar. brun, dos orné, tête dor., *non rogné*. (*Pouillet*). 15 fr.

L'un des 50 exemplaires tirés sur PAPIER DE HOLLANDE. Couverture conservée.

1264. **Gonse** (Louis). L'Art gothique. — L'Architecture. — La Peinture. — La Sculpture. — Le Décor. *Paris, Librairies-Imprimeries réunies, s. d.* ; gr. in-4 carré, demi-rel. mar. vert foncé avec coins, dos orné genre gothique, tête dor., *non rogné*. (*Canape*). 200 fr.

Ouvrage entièrement épuisé et orné de 282 illustrations dessinés par *Boudier* et intercalées dans le texte et de 28 planches hors texte comprenant : 4 eaux-fortes, 6 aquarelles reproduites typographiquement en couleurs, 2 chromolithographies, 12 héliogravures et 4 photogravures.
Un des 25 exemplaires numérotés sur PAPIER DU JAPON, contenant une double suite sur Japon des planches hors texte AVANT LA LETTRE pour les eaux-fortes, les chromolithographies et héliogravures et les photogravures et avec la lettre pour les aquarelles typographiques.

1265. **Goury de Champgrand**. Traité de venerie et de chasses. *Paris, Hérissant*, 1769 ; in-4, br. 80 fr.

Illustré de 39 planches de *L. Hallou*.

1266. **Gower** (Ronald). The Lenoir Collection of original french portraits at Stafford House auto-lithographed by Lord Ronald Gower. Published by Maclure and Macdonald, Lithographers tor her Majesty the Queen. *London,* 1874 ; in-fol.. portr., cart. toile. 75 fr.

1267. **Graffigny** (Mme de). Lettres d'une Péruvienne, traduites du français en Italien par M. Deodati (avec le texte en regard). *Paris, de l'imprimerie de Migneret,* 1797 ; gr. in-8, demi-rel. dos et coins de mar. citron, dos ornés, tête dor., *non rogné* (*Dupré*). 200 fr.

Portrait de l'auteur d'après *La Tour,* gravé par *Gaucher,* et 6 belles figures par *Le Barbier,* gravées par *Choffard, Halbou, Potas, Gancher* et *Lingée.*

Bel exemplaire en GRAND PAPIER VÉLIN, avec double épreuve des figures AVANT et avec la lettre et la même suite dessinée au lavis.

1268. **Grégoire**. Géographie générale, physique, politique et économique. Nouvelle édition, revue et corrigée. *Paris, Garnier, s. d.* ; gr. in-8, demi-rel. chagr. vert, plats toile, tr. dor. 12 fr.

100 cartes, nombreuses gravures intercalées dans le texte et gravées sur acier hors texte.

1269. **Grindlay**. Scenery costumes and architecture, chifly on the Western Side of India by Captn Robert Melville Grindlay. *London,* 1826-1830 ; 2 vol. in-fol. rel. chag. dos et coins, tête dor., *non rognés.* 125 fr.

Illustré de 2 titres gravés et de 36 planches en couleur.

1270. **Guerre de Crimée.** The Seat of War in the East by William Simpson. *London, Paul and Dominic Colnaghi,* 1855 ; in-fol., demi-rel. dos et coins de chagr. brun. 100 fr.

Collection de 40 planches lithographiées et finement coloriées, représentant les diverses épisodes du siège de Sébastopo et de la campagne de 1855-1856 auxquels prirent part les troupes anglaises de l'expédition.

1271. **Guessard** et **E. de Certain.** Le Mistère du siège d'Orléans, publié pour la première fois d'après le manuscrit conservé à la bibliothèque du Vatican. *Paris, impr. impériale,* 1862 ; in-4, demi-rel. chagrin bleu. 9 fr.

1272. **Guichard** (Ed.) et **Er. Chesneau**. Dessins et Décorations des principaux maîtres. Avec une étude sur l'art décoratif et des notices. *Paris, Quantin,* 1881 ; in-fol., dans un carton. 50 fr.

Très beau volume comprenant 40 planches en taille-douce et en couleur accompagées de 40 notices et une table biographique des artistes cités.

Publié à 125 francs.

1273. **Guichard**. Funérailles et diverses manières d'eusevelir des Romains, Grecs et autres nations, tant anciennes que modernes, descrites par Claude Guichard. *Lyon, Jean de Tournes,* 1581 ; in-4, fig., mar. vert, dos orné de coquilles et marguerites, double rangée de fil., milieux. tr. dor. (*Rel. anc.*). 350 fr.

Ouvrage orné de figures sur bois (l'une d'elles, p. 179 est signée *Cruche inv.*) et de très jolies lettrines du goût le plus parfait. Le titre est également orné d'un encadrement sur bois.

Très bel exemplaire, grand de marges, dans sa reliure originale, sur les plats de laquelle on a frappé les armes de Charles de CASTELLAN, abbé de Saint-Epvre.

1274. **Guinot** (Eugène). L'Été à Bade. *Paris, Furne et Bourdin, s. d.* (1847) ; gr. in-8, cart. toile, fers spéciaux, tr. dor. 6 fr.

EDITION ORIGINALE dans le cartonnage de l'éditeur.

Illustrations de *Tony Johannot, Lami, Français* et *Jaquemot.*

1275. **Hannon** (Th.). Au pays de Manneken-Piss. Etudes modernistes, avec 43 dessins naïfs, par Amédée Lynen. *Bruxelles,* 1883 ; in-8, br. 6 fr.

1276. **Herbé**. Costumes français, civils et religieux, avec les meubles, les armes, les armoires, etc., depuis les Gaulois jusqu'à nos jours. *Paris, Martinet, s. d.* ; in-4, demi-rel. 120 fr.

106 planches en couleurs.

1277. **HORÆ BEATÆ MARIA VIRGINIS.** *S. l. n. d.* ; in-8 de 202 ff., mar. noir, dos et plats orn. à la Duseuil (*Rel. anc.*). 15.000 fr.

Merveilleux manuscrit de l'école française du milieu du XVe siècle.

Il est orné de 57 GRANDES MINIATURES et 97 PETITES. Toutes les miniatures ou pages de ce manuscrit sont encadrées de riches bordures formées d'ornements architecturaux ou bien de compositions très curieuses et très variées; plusieurs sont composées de bandes longitudinales, penchées, brisées, chevronnées, carrelées, croisées, losangées : ces motifs sont rehaussés d'arabesques, de rinceaux, de feuillages, de fleurs, de fruits, d'oiseaux, d'animaux et personnages grotesques ou non.

Les miniatures sont peintes avec une exquise finesse, elles ont toutes, dans le fond des scènes, une perspective admirable, leur nombre (154) et leur exécution font de ce manuscrit un livre des plus importants. Le calendrier en possède 96 en marges : 12 pour les scènes de la ville et de la campagne, 12 pour les signes du zodiaque, 58 ayant rapport aux saints et aux saintes ; on remarque : S. Sébastien, S. Vincent, S. Blaise, S. Pierre, S. Mathias, S. André, S. Grégoire, S. Benoit, S. Jérôme, S. Georges, S. Marc, S. Germain, SS. Jacques et Philippe, S. Jean, S. Félix, S. Augustin, S. Mathieu, S. Barnabé, S. Flour, S. Eloi, SS. Pierre et Paul, S. Nicaise, S. Christophe, S. Laurent, S. Barthélemy, S. Louis, SS. Spin et Judde, S. Martin, S. Nicolas, S. Thomas, SS. Leu et Gilles, S. Cosne, S. Michel, S. Remy, S. Denis, S. Gratien, S. Crépin, Sainte Julienne, Sainte Suzanne, Sainte Gertrux, Sainte Marguerite, Sainte Madeleine, Sainte Catherine, Sainte Geneviève et Sainte Barbe, etc., etc.; et 14 relatifs aux fêtes de l'année qui ont rapport à la vie de la Vierge et de Jésus : La Circoncision, la Présentation au Temple, la Toussaint (*le Paradis et le Purgatoire*) la Visitation, la Salutation angélique, la Nativité, le Massacre des Innocents, etc., etc.

L'ornementation de ce précieux manuscrit se continue par 56 grandes miniatures dont 9 ont rapport à la vie de Job, 23 aux vies de Jésus, des évangélistes et des saints, et 24 aux scènes de la Passion.

S. Jean changeant en serpent le poison que veulent lui faire boire les hérétiques. — S. Luc. — S. Marc. — S. Mathieu. — La Sainte Vierge tenant Jésus sur ses genoux après qu'il a été descendu de la croix. — La Salutation évangélique (*cette miniature est ornée, dans les motifs architecturaux, qui l'encadrent, de 5 petites autres représentant la vie de la Vierge.* — La Visitation. — L'étable de Béthléem. — Adoration des mages. (*Dans le lointain on aperçoit les mages à cheval se guidant sur l'étoile, ils sont suivis d'une nombreuse troupe également à cheval; on remarque encore dans l'ornementation de la bordure les trois mages toujours à cheval.* — La Présentation au temple. — La Fuite en Egypte. — Un soldant perçant d'un coup de lance le cœur de Jésus (*cette miniature est ornée dans ses motifs architecturaux, de 6 petites : l'entrée à Jérusalem, le baiser de Judas, Jésus chargé de sa croix, Jésus devant Pilate, La Flagellation*). Descente du Saint-Esprit. — Le Jugement dernier. — Tous les saints et saintes. — Les trois morts et les trois vifs (*ces derniers sont à cheval.* — Résurrection de Lazare.

Job et sa famille. — Dieu donnant plein pouvoir au diable pour châtier Job. — Destruction des troupeaux de Job. — Les Enfants de Job ensevelis sous leur maison. — Les trois amis de Job avertis de la maladie de ce dernier. — Job sur son fumier est visité par ses trois amis. — Le diable frappant Job. — Job sur son fumier recevant la visite de sa femme, laquelle est envoyée par le démon. — Job et sa nouvelle famille.

Jésus au jardin des Oliviers (*dans le fond Judas indiquant le chemin aux soldats*). — Le Baiser de Judas. — Jésus devant Caïphe. — Saint Pierre reniant Jésus à la servante du Grand-prêtre. — Jésus souffleté par un officier. — Jésus emmené chez Pilate. — Saint Pierre se chauffant avec les soldats renie Jésus pour la troisième fois. — Jésus et Pilate. — Pilate annonçant aux Juifs qu'il ne croit pas Jésus coupable. — Seconde proclamation de l'innocence de Jésus aux Juifs par Pilate. — Jésus couronné d'épines. — Pilate montrant Jésus au peuple après la flagellation. — Jésus et Pilate. — Pilate proposant aux Juifs de délivrer Jésus en l'honneur de la fête de Pâques. — Jésus devant le tribunal de Pilate. — Jésus portant sa croix. — Jésus en croix (*des soldats partagent son manteau*). — Dispute des soldats au pied de la croix. — Un homme donne du vinaigre à boire à Jésus. — Descente de croix. — La Flagellation. — La Trinité. (*Dieu soutenant Jésus en croix*). — La Trinité (*Jésus assis à la droite de Dieu*). — Dieu entouré d'anges. — Dieu sur son trône. — La Trinité (*Dieu tenant, Jésus sur ses genoux*).

S. Pierre. — S. Jean l'Evangeliste et S. Jean Baptiste. — Sainte Marie-Madeleine. Sainte Appoline. — La Vierge et l'enfant (*des anges jouent des instruments de musique*). — S. Christophe.

LES MINIATURES RELATIVES AUX SCÈNES DE LA PASSION, SE TROUVENT TRÈS RAREMENT DANS LES MANUSCRITS DU XVe SIÈCLE.

1278. **HEURES**. HORE INTEMERATE BEATE MARIE VIRGINIS. Secumdum usum Romanum. (A la fin :) *Ces présentes heures a lusaige de Romme furent achevées le viiij jour de Juing, l'an 1503 par Thielman kerver imprimeur et libraire jure de l'universite de Paris : pour Gillet remacle, libraire demeurant sur le pont saint Michel, à l'enseigne de la Licorne* ; pet. in-8 goth. de 124 ff., basane, dent., tr. dor. et ciselée. (*Rel. anc.*). 1.000 fr.

Impression sur vélin. Belles et gracieuses bordures sur bois formées de rinceaux avec grotesques, sujets de chasse, etc., sur des fonds noirs au pointillé, et aussi des scènes de l'ancienne et de la nouvelle Ecriture. 18 grandes compositions du style le plus parfait complètent l'ensemble de l'illustration de ce livre remarquable dont toutes les majuscules et fins de lignes ont été rubriquées en couleur.

1279. **HEURES**. A LA LOUENGE DE DIEU et de la tressaincte et glorieuse vierge Marie : et a ledification de tous bons catholiques, ont este commencees ces presentes heures a lusaige de Romme tout au long sans rien requerir. Avec ung commun antiennes, suffrages, et oraisons de plusieurs sainctz et sainctes selon ledit usaige : et plusieurs aultres comme on verra en la table. *Imprimees a Paris par Gillet Hardouyn libraire demourant au bout du pont nostre Dame, devant sainct Denis de la chartre a lenseigne de la Rose.* (*Almanach de* 1513 à 1529) ; in-8 de 88 ff., caract. goth., mar. brun, dos orné, fil., comp. d'arabesques et de feuillages, coins dorés, doublé de mar. vert, tr. dor. (*Capé, Masson-Debonnelle*) sr. 1.500 fr.

Exemplaire imprimé sur VÉLIN contenant 18 grandes figures peintes et 32 petites également peintes dans le texte. Les lettres majuscules ont été dorées et coloriées.

1280. **HEURES.** CES PRÉSENTES HEURES A LUSAIGE DE ROUEN, toutes au long sans rien requérir avec plusieurs suffrages ꝛ oraisons qui nouvellement y ont esté adjoutez. Nouvellement imprimés (*sic*) à Paris, par Germain Hardouyn imprimeur ꝛ libraire demourant entre les deulx portes du Palais à lymage saincte Marguerite (A la fin : *Cy finissent ces présentes heures a lusaige de Rouen... Nouvellement imprimés* (sic) *à Paris par Germain Hardouyn... S. d.* Almanach de 1528 à 1545) ; in-8 allongé, goth., fig. sur bois, mar. olive, dos et plat ornés de comp. de feuillages et d'ornements divers à petits fers, tr, dor., fermoirs d'argent. (*Rel. anc.*). 1.000 fr.

Edition rare, non citée par Brunet, mais semblable à celle qu'il décrit sous le n° 268. (V. col. 1642.) Elle comprend 104 ff. non ch. signés A-N par 8 ff. et est ornée de 13 grandes figures gravées sur bois et de 5 autres plus petites. — Marque de Germain Hardouyn sur le titre.

Exemplaire sur VÉLIN avec toutes les figures, les initiales et les tirets soigneusement PEINTS EN COULEUR ET OR, et chaque page entourée d'un encadrement rouge et or ; il est revêtu d'une belle reliure de la fin du XVIe siècle portant au centre des plats le nom (presque effacé) d'ANNE CARREY. Le f. N iv manque.

Haut. : 160 mill.

1281. **HEURES.** Horæ in Laudem Beatissimæ Virginis Mariæ ad usum Romanum. Accesserunt denuô aliquot suffragia. *Lugd., apud Guliel. Rovilium*, 1550 ; in-8 de 176 ff. réglé, veau fauve, dos orné, entrelacs dorés et peints, tr. ciselée et dor. (*Rel. anc.*). 1000 fr.

Ces heures, exécutées à Lyon par Mathias Bonhomme, sont illustrées à toutes leurs pages de curieux encadrements gravés sur bois dont la plupart porte le monogramme P. V., ils sont formés de cariatides et d'enroulements aussi riches que variés, se retrouvant dans les « Emblêmes d'Alciat » publiés à la même époque. Les 14 grandes figures qui complètent l'ornementation de ce beau volume ont été certainement exécutées par l'un des artistes attitrés de la célèbre lyonnaise, par *Jean Moni*.

Très bel exemplaire dans une riche reliure du XVIe siècle, contemporaine de la publication du livre.

1282. **Hippocrate.** Aphorismes ; traduits d'après la collation de vingt-deux manuscrits, et des interprètes Orientaux ; par M. Lefebvre de Villebrune. *Paris, Th. Barrois*, 1786 ; pet. in-18, veau vert, dos orn., dent., tr. dor. (*Rel. anc.*). 10 fr.

1283. **Histoire** (L') et les amours de Sapho de Mytilène avec une lettre qui contient des réflexions sur les accusations formées contre ses mœurs *Paris, Musier*, 1724 ; in-12, veau, dos orn., fil. (*Rel. anc.*). 10 fr.

Aux armes de la COMTESSE DE VERRUE.

1284. **Histoire** du chatelain de Coucy et de la dame de Fayel, publié d'après le manuscrit de la bibliothèque du roi, et mise en vers français. *Paris, Crapelet*, 1829 ; gr. in-8, cart., *non rogné.* 20 fr.

Très bel exemplaire. Fac-similés.

1285. **Histoire littéraire** de la France, par les religieux bénédictins de la congrégation de Saint Maur. Nouvelle édition conforme à la précédente et revue par M. Paulin Paris. *Paris, Palmé*, 1865-1869 ; 15 vol. — Table générale des matières, par Camille Rivain. *Paris, Palmé*, 1875. Ens. 16 vol. in-4, br. 100 fr.

Ouvrage du plus haut intérêt pour l'état des sciences et des lettres depuis les temps les plus reculés jusqu'au XIIIe siècle exclusivement.

PAPIER VERGÉ.

1286. **Hogarth.** (Anecdotes of the celebrated William), with an explanatory description of his Works. *London*, 1813 ; in-8, demi-rel. dos et coins de veau gris, *non rogné*. 8 fr.

1287. **Houdetot** (Adolphe d'). Braconnage et contre-braconnage, par Adolphe d'Houdetot. *Paris*, 1858 ; in-8, demi-rel. mar. brun, tête dor., *non rogné*. 15 fr.

1288. **Hugo** (Victor). Le livre d'or de Victor Hugo par l'élite des artistes et des écrivains contemporains, direction de Emile Blémont. *Paris, Launette*, 1883 ; in-4, br. couv. ill. 100 fr.

Illustré de 120 photogravures. Exemplaire sur PAPIER DU JAPON.

1289. **Hugo** (Victor). Notre-Dame de Paris. *Paris, Renduel*, 1836 ; 3 vol. in-8, demi-veau fauve, dos orné, tr. marbrées. 150 fr.

Illustré de 1 frontispice et 11 planches hors texte, gravées sur acier par *E. Finden, W. Finden, R. Staines, A. Lacour-Lestudier, T. Phillibrocon, G. Periam*, d'après *D. Rouargue, Louis Boulanger, Raffet, Tony* et *Alfred Johannot, Camille Rogier*.

On a ajouté le portrait de V. Hugo, lithographie par Delpech et 2 DESSINS ORIGINAUX de VICTOR HUGO. 1° « *Le soir de ma noce* » avec notes de musique. — 2° « *Ma fille vous l'épouserez* ».

1290. **Hugo** (Victor). Les Orientales. *Paris, Charles Gosselin*, 1829 ; in-8, demi-rel. bas., *non rog.* 100 fr.

EDITION ORIGINALE. Frontispice sur Chine.

1291. **Hugo** (Victor). Cromwell, drame. *Paris, Dupont*, 1828 ; in-8, demi-rel. veau, tr. jaspée. 8 fr.

EDITION ORIGINALE. Cachet gratté sur le titre.

1292. **Humanae** salutis monumenta B. Ariae Montani studio constructa et decantata. *Antverp. ex. prototypographia regia, Christoph. Plantinus*, 1571 ; in-8, fig., vélin, milieux, tr. dor. (*Rel. anc.*). 300 fr.

Ce volume est orné d'un frontispice, d'un médaillon avec la tête du Christ par *J. Wierix* et de 70 figures gravées en taille-douce par *A. de Bruyn* et *J. Wierix* d'après les dessins de *P. Van der Borcht*.

Ces figures sont comprises dans des bordures avec fleurs, fruits, oiseaux et insectes qui portent les monogrammes de *P. Huys* et du graveur qui signait des lettres *H. S. D.*

Exemplaire de la PREMIÈRE ÉDITION ayant appartenu à TABOUROT, l'auteur des *Bigarrures* qui a écrit sur le livre son nom et sa devise : *A tous accords*.

1293. **Hurtrel** (Alice). Les Amours de Catherine de Bourbon, sœur du roi et du comte de Soissons. *Paris, G. Hurtrel*, 1882 ; in-12, br., dans un élégant cartonnage. 20 fr.

PAPIER DE CHINE. Frontispice à l'eau-forte en double état par *Lalauze* et nombreuses illustrations dans le texte par *Reister, Lalauze, Uzès* et *G. Hurtrel*.

1294. **Jacquemin**. Iconographie générale et méthodique du costume du IVe au XIXe siècle (315-1815). Collection gravée à l'eau-forte d'après des documents authentiques et inédits par Raphaël Jacquemin. *Paris, s. d.* (1863-1869) ; 2 vol. in-fol. cart. toile. 160 fr.

200 planches en couleur.

L'ouvrage le plus exact et le plus précis publié sur les costumes. Il a été séparé en deux volumes : dans l'un on a réuni tous les costumes d'hommes au nombre de 138 planches, dans l'autre tous les costumes de femmes au nombre de 62.

1295. **Janin** (Jules). L'Ane mort. *Paris, Bourdin*, 1842 ; gr. in-8, demi-rel. dos et coins de mar. brun, dos orné, tête dor., *non rogné*. 25 fr.

Edition illustrée par *Tony Johannot*, d'un portrait de l'auteur, gravé sur acier, et d'un grand nombre de figures sur bois. Couverture conservée.

1296. **Janinet**. Vues pittoresques des principaux édifices de Paris, *Paris, Lamy*, 1792. — Réunion de 34 pl. pet. in-4. 300 fr.

Très jolies planches de forme ronde gravées en couleurs par *Janinet* d'après *Durand*. Elles sont fort rares.

1297. **Jardins** (Recueil de). *Paris, Le Rouge*, 1786 ; in-4, oblong, br. 60 fr.

Ce recueil se compose de 30 planches très bien gravées, les planches I à XXVIII ont rapport aux jardins de l'Empereur de Chine, la planche XXIX, contient les jardins de M. le Cte d'Espagnac et la planche XXX ceux de M. Caumartin près Dijon.

1298. **Jarry** (N.). Regum Maximo totum se, suamque theologiam dicat, vovet, consecrat, humillinus, obsequentissimus ac fidelessimus sepuus et subditus, dux d'Albret. Has Theses, deo duce, auspice Deiparâ, ac praside illustrissimo ecclesiae, Principe ac S. M. N. Harduino de Péréfixe de Beaumont, Parisiensium archispiscopo designato, ordinum regiorum cancellurio, Sorbonae Provisoire, tueri conabitur Emmanuel Theodosius de la Tour d'Auvergne, Dux d'Albret, Abbas Sancti Philiberti de

Trenonchio, die vigesimã nonã Februarij, anno Dom. M.DCLXIV (1664) a meridie ad vesperam, in Sorbona, pro tentatiua. 500 fr.

Chef-d'œuvre de calligraphie, éxécuté sur peau de vélin, par le célèbre Jarry, écrivain de Louis XIV.

Cette belle pièce présente une thèse soutenue en 1664, par Emmanuel Théodose de la Tour d'Auvergne duc d'Albret, sur cette question : *Videte nequis vos decipiat per philosophiam?*

Cette thèse est divisée en neuf points, dont chacun a pour lettre-titre une jolie miniature enluminée de fleurs en or et couleur.

Elle est placée dans un cadre de l'époque, en bois sculpté et doré.

1299. **Jauffret.** Les Charmes de l'Enfance. Cinquième édition. *Paris, de l'impr. de Didot jeune,* 1796 ; 2 vol. in-12, mar. rouge, dos orné, fil., tr. dor. (*Chambolle-Duru*). 150 fr.

Exemplaire en PAPIER VÉLIN avec la suite du frontispice et des 5 figures de *Monnet* AVANT LA LETTRE et EAUX-FORTES (Manque l'eau-forte du frontispice).

1300. **Jeux.** Elémens théoriques et pratiques du jeu des échets, avec des réflexions morales, politiques, historiques et militaires relatives à ce jeu. *Paris, Hocquart,* 1810 ; in-8, demi-rel. veau fauve, dos orné, fil., tr. peigne. 10 fr.

Portrait de Philidor, célèbre joueur d'échecs et une planche représentant les pièces du jeu.

1301. **Jodelle.** Les Œuvres et Meslanges poetiques d'Estienne Jodelle, sieur du Lymodin. Reveuës et augmentes en ceste derniere edition. *Paris, Robert Le Fizelier,* 1583 ; in-12, mar. citron, dos orné, fil. droits et cintrés, doublé de mar. rouge, large dent., tr. dor. (*Trautz-Bauzonnet*). 600 fr.

Exemplaire réglé, avec témoins, conforme à la description donnée par Brunet (III, col. 550) et avec les 10 ff. de pièces diverses qui ne se trouvent pas dans tous les exemplaires.

1302. **Joseph** (Flavius). Histoire des Juifs écrite par Flavius Joseph sous le titre de Antiquitez Judaïques, traduite sur l'original grec, revu sur divers manuscrits par M. Arnauld d'Andilly. Nouvelle édition enrichie d'un grand nombre de figures en taille-douce, 3 vol. — Histoire de la guerre des Juifs contre les Romains, Ecrite par Flavius Joseph. Et sa vie écrite par lui-même, traduite par M. Arnauld d'Andilly. Nouvelle édition enrichie d'un grand nombre de très belles figures en taille-douce, 2 vol. *Bruxelles, Friex,* 1702-1703. Ens. 5 vol. pet. in-8, mar. rouge jans., dent. int., tr. dor. (*Trautz-Bauzonnet*). 300 fr.

Bel exemplaire de DEBURE ayant appartenu au comte DE FRESNES.

1303. **Kellerhoven.** La Légende de Sainte-Ursule, princesse britannique, et de ses onze mille vierges, d'après les tableaux de l'église Sainte-Ursule à Cologne, publiée par F. Kellerhoven. Texte par L.-B. Dutron. *Paris, A. Lévy,* 1875 ; in-4, br. 45 fr.

Bel ouvrage orné de 21 chromolithographies et de bordures sur bois à l'imitation des anciens manuscrits.

1304. **Kleiner** et **Pfeffel.** Vera et accurata delineatio omnium templorum et cœnobiorum quæ tam incoeserea urbe ac sede Vierma Austriae quam in circuns jacentibus suburbiis ejus reperiuntur... ad vivum ibi designata par Salomonem Kleiner. *Augustae Vindelicorum J. A. Pfeffel,* 1724-1733 ; 3 part. comprenant 3 titres, 1 dédicace, 3 frontispices et 98 planches in-fol. oblong, cart. 150 fr.

Planches de vues, places, hôtels, fontaines, etc. Ces vues sont animées de nombreux personnages, elles sont curieuses pour l'histoire des mœurs populaires de la ville de Vienne.

1305. **Knip** (Mme). Les Pigeons, par Madame Knip, née Pauline de Courcelles. Le texte par C. J. Temminck. *Paris, Mme Knip et Garnery,* 1811 ; gr. in-fol., demi-rel. dos et coins de mar. rouge, *non rogné.* 150 fr.

Bel ouvrage renfermant 87 planches en couleur. Il est divisé en 3 parties : la 1re avec 11 pl., la 2e avec 60 pl. et la 3e avec 16 pl. — Bel exemplaire.

1306. **Knorr.** (Georges Wolfgang). Délices de la Nature, ou Choix de tout ce que les trois règnes de la Nature renferment de plus digne des recherches d'un curieux pour en former un cabinet... avec les Descriptions et Remarques de Ph.-Louis Statius Müller... Augmenté d'une Préface par Ern.-Em. Valch, traduit par Isenflamm. *Nuremberg, chez les héritiers de feu G. W. Knorr*, 1779 ; 2 tomes en 1 vol. in-fol. max., mar. rouge, fil., dos orné, tr. dor. (*Rel. anc.*). 150 fr.

Nombreuses planches coloriées. Très bel exemplaire dans une reliure ancienne très fraîche.

1307. **Labé** (Louise). Œuvres de Louise Charly, lyonnaise, dite Labé, surnommée la belle Cordière. *Lyon, les frères Dupleix*, 1762 ; in-12, mar. bleu jans., tr. dor. (*Thivet*). 50 fr.

Frontispice et vignettes gravés en taille-douce par *Daullé* d'après *Nonnotte*.
Bel exemplaire vendu 71 fr. à la vente GUY-PELLION.

1308. **La Borderie. J. Daniel, Perquis** et **Tempier**. Monuments originaux de l'Histoire de Saint Yves, publiés pour la première fois. *Saint-Brieuc, impr. Prudhomme*, 1887 ; gr. in-4, fig., br. 50 fr.

Belle publication tirée à 75 exemplaires sur GRAND PAPIER DE HOLLANDE pour les seuls souscripteurs.

1309. **La Bruyère**. Les Caractères de Théophraste, traduits du grec : avec les caractères ou les mœurs de ce siècle. Sixième édition. *Paris, Estienne Michallet*, 1691 ; in-12, mar. vert, dos orné, fil., tr. dor. (*Gruel*) 120 fr.

Cette édition, la sixième originale publiée par l'auteur, renferme 997 caractères.
Très bel exemplaire.

1310. **La Bruyère**. Les Caractères de Théophraste traduits du grec, avec les caractères ou les mœurs de ce siècle. Neuvième édition. *La Haye, Adrien Moetjens*, 1696 ; in-12, veau. 15 fr.

Rare contrefaçon avec clef, publiée sous la rubrique de la Haye, mais qui a dû être imprimée en France et peut-être bien à Lyon.

1311. **Labyrinthe** royal de l'Hercule gaulois triomphant, sur le sujet des fortunes, batailles, victoires, trophées, triomphes, mariage et autres faicts héroïques et mémorables de.... Henri IIII, Roy de France et de Navarre, représenté à l'entrée triomphante de la Royne en la cité d'Avignon le 19 novembre M D C. où sont contenuës les magnificences et triomphes dressez à cet effet par la dicte ville (rédigé par André Valladier, abbé Saint-Arnould de Metz). *Avignon, Bramereau*, (1600) ; in-4, demi-rel. veau. 120 fr.

Ouvrage rare et curieux orné d'un titre gravé, des portraits de Henri IV et de Marie de Médicis et de 12 planches en taille-douce par *Greuter*.

1312. **La Calprenède**. Abrégé de la Cléopâtre de M. de la Calprenède. *Paris, Thomas Jolly*, 1667-1668 ; 4 parties en 2 vol. in-18, mar. vert, fil., dos ornés, tr. dor. (*Rel. anc.*). 200 fr.

Intéressant ouvrage orné de figures.
Aux armes de la COMTESSE DE VERRUE.

1313. **La Chenaye-Desbois** et **Badier**. Dictionnaire de la Noblesse, contenant les généalogies, l'histoire et la chronologie des familles nobles de la France, l'explication de leurs armes et l'état des grandes terres du royaume, etc. Troisième édition entièrement refondue, réimprimée conformément au texte des auteurs. *Paris, Schlesinger*, 1863-1876 ; 19 vol. in-4 en 39 fascicules brochés. 250 fr.

Rare.

1314. **Lacroix** (Paul). Recherches bibliographiques sur des livres rares et curieux, par P. L. Jacob, bibliophile. *Paris, Ed. Rouveyre*, 1880 ; in-8, br. 4 fr.

Exemplaire tiré sur PAPIER VERGÉ.

1315. **Lacroix** et **Seré**. Le Moyen-Age et la Renaissance. Histoire et description des mœurs et usages, du commerce et de l'industrie, des sciences, des arts, des littératures et des beaux-arts en Europe. Direction littéraire de Paul Lacroix. Direction artistique de M. Ferdinand Seré. *Paris*, 1848-1851 ; 5 vol. in-4, demi-rel. dos et coins de mar. rouge, fil., têtes dorées, *non rogné*. 250 fr.

Belle publication ornée de nombreuses planches noires et en chromolithographie.

1316. **La Fargue** (de). Nouvelles Œuvres. *A Londres et se trouve à Paris chez Couturier père*, 1774 ; in-8, veau marbré. 12 fr.

5 planches et 6 charmantes vignettes en tête des chapitres par Bidault, gravées par *Lingée, Le Roy, de Lignon, Billé* et *Châtelain*.

1317. **La Fayette** (Mme de). Zayde, histoire espagnole, par Monsieur de Legrais (Mme de Lafayette). Avec un traitté de l'origine des romans, par Monsieur Huet. *Paris, Claude Barbin*, 1670-1671 ; 2 vol. in-8, mar. Lavallière, dos orné, fil., tr. dor. (*Hardy-Mennil*). 225 fr.

ÉDITION ORIGINALE. Superbe exemplaire grand de marges ; le deuxième volume est rempli de temoins, il n'a pas été imprimé sur la même justification que le tome Ier. Celui-ci mesure 168 mm., le second 161 mm.

1318. **Lafitte**. Description de l'Arc de triomphe de l'Etoile, et des bas-reliefs dont ce monument est décoré. *Paris, Nicolle*, 1810 ; in-8 oblong, demi-rel. vélin. 8 fr.

Projet du monument qui ne fut élevé que plus tard.

1319. **La Fontaine**. Contes d'après les textes originaux, suivies d'une notice sur sa vie et ses ouvrages, d'une étude bibliographique, de notes, de variantes et d'un glossaire par Alp. Pauly. *Paris, Lemerre*, 1875 ; 2 vol. in-8, demi-rel. dos et coins de mar. vert, tête dor., *non rognés*. 15 fr.

1320. **La Fontaine**. Fabulas morales escogidas de Juan de La Fontaine. En verso castellana. *Madrid, impr. Real*, 1787 ; 2 vol. in-4, mar. rouge, dos orné, tr. dor. (*Rel. anc.*). 20 fr.

Bel exemplaire en grand papier.

1321. **La Fontaine**. Fables. Illustrations de Grandville reportées sur bois par A. Desperet gravées par Brend'amour. *Tours, Alfr. Mame*, 1864; in-12, br., couv. 10 fr.

Frontispice et 240 gravures sur bois.

1322. **La Fontaine**. Œuvres de J. de La Fontaine, d'après les textes originaux, suivies d'une notice sur sa vie et ses ouvrages, etc., par Alphonse Pauly. *Paris, Alph. Lemerre*, 1875-1884 ; 6 vol. in-8, tirés in-4, br. 100 fr.

Fables et poèmes, 2 vol. — Contes, Psyché, Lettres, 2 vol. — Théâtre, poésies diverses, 2 vol.

Un des 25 exemplaires sur GRAND PAPIER WHATMAN, publié à 240 fr.

1323. **Laguille** (le R. P. Louis). Histoire de la province d'Alsace, depuis Jules César jusqu'au mariage de Louis XV. *Strasbourg*, 1717 ; 2 parties en 1 vol. in-fol., front., cartes et fig., mar. rouge, dent, tr. dor. (*Rel. anc.*). 200 fr.

Bel exemplaire.

1324. **Laplace**. Exposition du système du monde. *Paris, Bachelier*, 1835 ; in-4, portr., demi-rel. chagrin brun. 20 fr.

1325. **Larcher**. La Femme jugée par les grands écrivains des deux sexes. *Paris, Garnier*, 1855 ; gr. in-8, demi-rel. chagrin vert. 8 fr.

Portraits gravés sur acier. Taches d'humidité.

1326. **Larmessin** (de). Les augustes Représentatians de tous les Roys de France, depuis Pharamond jusqu'à Louis XIIII dit le Grand, à présent régnant. Avec un abrégé historique sous chacun, contenant leurs naissances, inclinations et actions plus remarquables pendant leurs règnes. *Paris, F. Bertrand*, 1679 ; in-4, veau. 40 fr.

Très belles épreuves de cette PREMIÈRE ÉDITION contenant 73 portraits par *de Larmessin*, dont 64 portraits des rois de France et 9 de personnages célèbres du XVIIe siècle.

1327. **La Roque** (Gilles-André de). Traité de l'origine des noms et des surnoms, de leur diversité, de leurs proprietez, de leurs changemens. *Paris, Et. Michallet*, 1681 ; in-12, veau. vert, dos orn., fil., dent. à froid, tr. dor. 20 fr.

Ouvrage important pour l'histoire héraldique.

Une partie de ce volume traite de la fondation d'un grand nombre de communautés de France.

1328. **Las Cases**. Mémorial de Sainte-Hélène, ou journal où se trouve consigné jour par jour, tout ce qu'a dit et fait Napoléon pendant dix-huit mois. *Paris, l'auteur*, 1823 ; 8 vol. in-8, demi-rel. bas. 40 fr.

Édition originale, rare, de ces célèbres mémoires, ornée de plusieurs cartes. Voici ce que dit Quérard de cette édition : « Dans la première édition, Napoléon avait émis sur les personnages marquants de son règne des opinions qui donnaient à ces derniers une fâcheuse célébrité : ils firent des démarches près de M. Las-Cases qui, dans sa seconde édition, voulut bien, soit pour eux, ou pour un autre motif, mettre dans la bouche de Napoléon des jugements quelquefois flatteurs pour les réclamants. »

1329. **La Trémoille** (Louis de). Livre de comptes 1395-1406. Guy de la Trémoille et Marie Sully. Publié d'après l'original. *Nantes, Emile Grimaud*, 1887 ; in-4, br. 30 fr.

PAPIER VERGÉ.

1330. **La Trémoille** (Louis de). Inventaire de François de la Trémoille, 1542, et comptes d'Anne de Laval. Publiés d'après les originaux. *Nantes, Emile Grimaud*, 1887 ; in-4, br. 30 fr.

PAPIER VERGÉ.

1331. **Laujon** (de). Les A-propos de la folie, ou chansons grotesques, grivoises et annonces de parade. *S. l.* (*Paris*), 1776 ; in-8, fig. et musique notée, mar. vert, dos orn., fil., tr. dor. (*Padeloup*). 100 fr.

Orné de 1 frontispice, 1 figure et 1 vignette de *Moreau* gravés par *Martini*, et 1 cul-de-lampe par *Moreau* seul.
Ces illustrations sont d'une beauté et d'une grâce ravissante.

1332. **Lavallée** (Théophile). Histoire des Français depuis le temps Gaulois jusqu'en 1830. Cinquième édition, revue et corrigée. *Paris, J. Hetzel*, 1845 ; 2 vol. gr. in-8, cart. toile, *non rognés*. 40 fr.

80 gravures sur acier donnant les portraits des rois de France et des personnages les plus célèbres d'après les tableaux de Versailles.
Exemplaire entièrement non rogné dans le cartonnage de l'éditeur.

1333. **Lavallée** (Th.). Histoire de l'Empire Ottoman depuis les temps anciens jusqu'à nos jours. *Paris, Garnier*, 1855 ; gr. in-8, demi-rel. dos et coins de chagrin La Vallière. 8 fr.

Très jolies figures sur acier par *Allom*.

1334. **Lavallée** (J.). Voyage dans les départemens de la France. *Paris*, 1792-1794 ; 10 fasc. in-8, dereliés. 25 fr.

Partie de cet ouvrage relative à la *Normandie* et à la *Bretagne* : (Seine-Inférieure, Calvados, Eure, Manche, Orne ; Ille-et-Vilaine, Côtes-du-Nord, Finistère, Morbihan, Loire-Inférieure).
Vues dessinées par *Louis Brion*.

1335. **La Varenne**. Le vray Cuisinier francois, enseignant la manière de bien apprester et assaisonner toutes sortes de viandes, grasses et maigres, légumes et pastisseries en perfection, etc. Nouvelle édition. *Amsterdam, Pierre Mortier, s. d.* ; in-12, front., veau. 10 fr.

Édition augmentée du maistre d'hôtel et du grand écuyer-tranchant. — A la suite *Traité de Confiture*. Amst. L. Mortier, s. d.

1336. **Leber**. De l'État réel de la Presse et des pamphlets depuis François Ier jusqu'à Louis XIV. Revue anecdotique et critique des principaux actes de nos rois sur la publication et la vente des livres dans le XVIe siècle. *Paris, Techener*, 1834 ; in-8, demi-rel. dos et coins de mar. rouge, *non rogné*. 5 fr.

1337. **Le Clerc**. [Calendrier des Saints pour tous les jours de l'année]. Godtvrugtige almanach of lof-gedachtenis der Heligen op ijder dag van't Jaar. Gevolgt na den beruchten Sebastian le Clerc. Welstandig verschikt, verteekent, en in't licht gegeven, door Jean Goeree. *Te Amsterdam*, 1730 ; 3 tomes en 1 vol. in-4, veau brun. 75 fr.

Recueil complet du calendrier des saints gravé d'après les dessins de *Sébastien Le Clerc*. Il comprend 3 titres et 368 planches sans texte, dont les 68 premières ont été coloriées.
Bel exemplaire.

1338. **Leclerc** (Sébastien). Œuvres choisies de Sébastien Leclerc, chevalier romain, dessinateur et graveur du cabinet du roi, contenant 239 estampes, dessinées et gravées par ce célèbre artiste. *Paris, Lamy*, 1784 ; in-4, demi-rel. mar. vert, dos orné, dent. 70 fr.

Premier tirage.

1339. **Leclerc**. Pratique de la géométrie sur le papier et sur le terrain. *Paris*, 1684 ; in-12, veau. 20 fr.

Frontispice et charmantes figures de Séb. Leclerc.

1340. **Leclerc** (Sébastien). Tableaux ou sont represẽtées la passion de N. S. Jesus Christ et les actions du prestre à la S. messe, avec des prières et correspondantes aux tableaux. *Metz, Claude Bouchard* ; pet. in-8. 10 fr.

Titre et 38 planches gravés.
Exemplaire fatigué.

1341. **Leçons** de morale, de politique et de droit public, puisées dans l'histoire de notre monarchie ; ou nouveau plan d'étude de l'Histoire de France, rédigé par les ordres et d'après les vues de feu M. le Dauphin, pour l'instruction des Princes ses enfants (par J.-N. Moreau. *Versailles,* 1783 ; in-8, veau fauve, dos orn. (*Rel. anc.*). 10 fr.

1342. **Le Faure** et **Gugenheim**. Cœur de soldat. *Paris, Dentu,* 1894; gr. in-8, br. 4 fr.

Joli volume illustré par *E. Zier* et *Guillerat.*

1343. **Legende** de Domp Claude de Guyse, abbé de Cluny, contenant ses faits et gestes, depuis sa nativité jusques à la mort du cardinal de Lorraine. *S. l.* ; 1581 ; pet. in-8, mar. rouge, dos orné, comp. de fil., tr. dor. (*Du Seuil*). 150 fr.

Ce violent pamphlet contre les Guise a été attribué à Jean Dagonneau et à Gilbert Regnault, seigneur de Vaux, juge de Cluny.

Aux armes de Leclerc de Lesserville.

1344. **Legrand d'Aussy**. Fabliaux ou Contes, fables et romans du douzième et du treizième siècle, traduits ou extraits par Legrand d'Aussy. *Paris, Renouard,* 1829 ; 5 vol. in-8, fig., demi-rel. dos et coins mar. bleu, têtes dorées, *non rognés.* 150 fr.

Grand papier vélin, 16 jolies figures par *Moreau* et *Desenne* en doule état, avant la lettre sur Chine et avec la lettre. Lettre autographe de Renouard à M. Frère, libraire.

1345. **Le Jolle** (Pierre). Description de la ville d'Amsterdam, en vers burlesques, selon la visite de six jours d'une semaine. *Amsterdam, Jacques le Curieux,* 1666 ; pet. in-12, front., mar. La Vallière jans., tr. dor. 40 fr.

Ce volume s'annexe à la collection des Elzeviers. (Willems, *les Elzevier*, n° 1756).

1346. **Le Laboureur**. Tableaux généalogiques ou les seize quartiers de nos rois depuis Saint Louis jusqu'à présent, des princes et princesses qui vivent et de plusieurs seigneurs ecclésiastiques de ce royaume. Avec un traité préliminaire de l'origine et de l'usage des quartiers pour les preuves de noblesse. Par le P. Monestrier. *Paris, Fr. Coustelier;* 1683 ; in-fol., veau. 50 fr.

Nombreux blasons. Exemplaire incomplet des feuillets 15 et 16.

1347. **Le Laboureur.** Les Mazures de l'abbaye royale de l'Isle-Barbe-lès-Lyon, ou histoire de ce qui s'est passé dans ce célèbre monastère. *Lyon, Galbit,* 1665-1681 ; 2 vol. in-4, basane. 120 fr.

Édition originale de cet ouvrage réputé précieux surtout pour les titres anciens qu'il renferme.

1348. **Leluaux-Mancellière.** Histoire de la ville d'Alençon ; in-4, parchemin. 50 fr.

Intéressant manuscrit autographe de l'auteur, composé vers le milieu du XVIIIe siècle. Il comprend plus de 400 feuillets auxquels on ajouté diverses pièces.

Sur le 1er feuillet de garde se lit une note de l'abbé Pelé, vicaire de Bourg-le-Roy, dont voici un extrait : « Ces Mémoires de la ville d'Alençon quoique imparfaits et avec quelque confusion, où j'ai ajouté ça et là plusieurs anecdotes tirés de divers auteurs et manuscrits ont pour auteur Leluaux-Mancellière, prêtre habitué à N.-Dame d'Alençon dont l'héritière me le donna en 1771.... »

1349. **Le Maire**. Paris ancien et nouveau où l'on voit la fondation, les accroissemens, le nombre des habitans, et des maisons de cette ville, avec une description nouvelle de ce qu'il y a de plus remarquable dans toutes les Eglises, Communautey, et Collèges ; dans les Palais, Hôtels, et Maisons particulières : dans les Ruës et dans les Places publiques. Tiré des Antiquitez de Paris,, du R. P. Du Breuil, Bénédictin et d'autres Mémoires curieux. *Paris, Le Clerc,* 1685 ; 3 vol. in-12, veau. 25 fr.

Bien que les titres portent la date de 1698, cette édition est celle de 1685 à laquelle on a ajouté de nouveaux titres : ceux des tomes II et III sont recollés. Chaque volume contient le même nombre de pages et les mêmes errata.

1350. **Le Maire de Belges** (Jean). Les troys livres des Illustrations de Gaule : et singularitez de Troye, nouvellement reveues et corrigees oultre les precedentes impressions. *A Paris, par Galliot du Pré,* 1531 ; pet. in-8, mar. rouge, fil. à froid, tr. dor. (*Duru*). 125 fr.

Belle édition imprimée en lettres rondes, illustrée de jolies figures sur bois. L'Epître de l'*Amant vert* se trouve imprimée à la fin de la première partie.

Bel exemplaire.

1351. **Lemercier de Neuville.** Nouveau théâtre des Pupazzi. Troisième édition. *Paris, Hilaire*, 1882; in-18, demi-rel. chagrin rouge, tête dor., *non rogné*. 5 fr.

Figures hors texte.

1352. **Leroux** (J.). Recueil de la noblesse de Bourgogne, Limbourg, Luxembourg, Gueldres, Flandres, Artois, Haynau, Hollande, Zulande, Namur, Malines et autres provinces de S. M. Catholique. Représentant les noms et surnoms des titres et de ceux desquels les lettres patentes de chevalerie, de noblesse, réhabilitation, annoblissement et déclaration d'armoiries, sont enregistrées à la chambre des comptes du roi, commençant en l'an 1424, et continué jusques à l'an 1714. Accordez par les empereurs, rois, ducs et princes souverains des Pays-Bas. *Lille*, 1715; in-4, veau. (*Rel. anc.*). 40 fr.

1353. **Le Roy.** Les Ruines des plus beaux Monuments de la Grèce, considérées du côté de l'histoire et du côté de l'Architecture, par M. Le Roy. Seconde édition corrigée et augmentée. *Paris, L.-Fr. Delatour*, 1770; 2 tomes en un vol. in-fol., pl., veau marbr., dos orné, fil., tr. dor. (*Rel. anc.*). 60 fr.

Ouvrage orné de 61 planches représentant les ruines et les sites les plus célèbres de l'ancienne Grèce, gravées d'après les dessins de *Le Roy* par *Le Bas, de Neufforge, Patte, Littret de Montigny* et *Michelinot*.
Exemplaire en GRAND PAPIER.

1354. **L'Estoile** (P. de). Mémoires pour servir à l'Histoire de France. Contenant ce qui s'est passé de plus remarquable dans ce roiaume depuis 1515 jusqu'en 1611 (par Pierre de l'Estoile). *Cologne (Bruxelles), Herman Demen*, 1719; 2 vol. pet. in-8, veau. 15 fr.

PREMIÈRE ÉDITION du journal de Henri III et de Henri IV, Frontispice de *van Orly*, et portraits gravés à l'eau-forte par *Harrewyn*.

1355. **Le Sueur** (Eustache). Galerie de Saint Bruno, fondateur de l'ordre des Chartreux, peinte par E. Le Sueur, dessinée et gravée par A. Villerey. *Paris, Villerey*, 1808; in-8, demi-rel. dos et coins de mar. bleu, dos orné, *non rogné*. 7 fr.

1356. **Lettres** de Henri VIII à Anne Boleyn, précédées d'une notice historique sur Anne Boleyn. *Paris, Crapelet, s. d.* (1826); gr. in-8, demi-rel. mar. viol. avec coins, dos orné, fil., tr. marbr. 10 fr.

Première édition de ce livre curieux orné des portraits lithographiés de Henri VIII et d'Anne Boleyn.

1357. **Le Vayer de Boutigny** (Roland). Mitridate. *Paris, Toussainct Quinet*, 1648; 4 vol. in-8, demi-rel. dos et coins de mar. bleu, tr. dor. (*Petit-Simier*). 25 fr.

Bel exemplaire de ce roman orné d'un frontispice gravé par *F. Chauveau*.

1358. **Le Vayer de Boutigny.** Tarsis et Zélie. Nouvelle édition. *Paris, Muzier*, 1774; 3 tomes en 6 vol. in-8, veau marbré. 60 fr.

3 frontispices 2 fleurons de titres et 20 vignettes en-têtes dessinés par *Cochin, Moreau* et *Eisen*, gravés par *Gaucher, de Longueil, Masquelier, Née, etc.*, en belles épreuves.

1359. **Lever** (Charles). Tom Burke of « Ours ». With numerous illustrations on steel by H. K. Browne. *Dublin, W. Curry*, 1844; 2 vol. in-8, cart., éb. 40 fr.

1360. **Le Verrier de la Conterie.** Venerie normande, ou l'Ecole de la chasse aux chiens courants, pour le lièvre, le chevreuil, le cerf, le daim, le sanglier, le loup, le renard et la loutre. Avec les tons de chasse. *Rouen, Laurent Dumesnil*, 1778; in-8, pl., br. 40 fr.

Deuxième édition plus ample que la précédente.

1361. **L'Hermite** (Tristan). Les Vers héroïques du sieur Tristan Lhermite. *Paris, chez l'auteur et chez J.-B. Loyson*, 1648; in-4, front., vélin. 15 fr.

ÉDITION ORIGINALE. Le frontispice a été remonté sur la marge du devant.

1362. **Lipsi** (Justi). De Cruce libri tres ad sacram prosanamque historiam utiles a cum notis. *Antverpiae ex officina Plantiniana*, 1594; in-4, vélin blanc. 10 fr.

Nombreuses figures finement gravées, piqûres de vers.

1363. **Longus.** Les Amours pastorales de Daphnis et Chloé. Double traduction du grec en françois de M. Amiot et d'un Anonime, mises en parallèle. *Paris, imprimées pour les curieux*, 1757 ; in-4, front. et fig., mar. rouge, dos orné, fil., tr. dor. (*Rel. anc.*). 200 fr.

Très jolie édition dite des *Curieux*, ornée de figures dessinées par le *Régent*, gravées par *Audran*, renfermées dans des encadrements et des vignettes, en-têtes et culs-de-lampe par *Eisen et Cochin*.

Très bel exemplaire en PAPIER DE HOLLANDE.

1364. **Longus.** Les Amours pastorales de Daphnis et de Chloé, traduites par J. Amyot. *Paris, Lemerre*, 1872 ; pet. in-12, demi-rel. dos et coins de mar. gren., tête dor., *non rogné*. 8 fr.

PAPIER VERGÉ.

Frontispice à l'eau-forte par *Boilvin*.

1365. **Lovenjoul** (Charles de). Les Projets littéraires de Théophile Gautier. *Paris, impr. Quantin*, 1882 ; gr. in-8, cart., *non rogné*. 4 fr.

PAPIER VERGÉ. Tirage à 100 exemplaires de cette étude qui parut dans le « Livre » de mars 1882.

Portrait et fac-simile de l'écriture de Th. Gautier, sur Chine.

1366. **Lurine** et **Brot**. Les Couvents. *Paris, Mallet*, 1846 ; gr. in-8, demi-rel. chagr. bleu, tête dor., *non rogné*. 12 fr.

Bel exemplaire, non rogné, illustr. de nombreuses gravures sur acier.

1367. **Madura - Kandasvami - Pulavar**. Législation hindoue publiée sous le titre de Vyavahara-Sara-Sangraha ou abrégé substantiel de droits, traduit du tamil par F.-E. Sicé. *Pondichéry, Géruzet*, 1857 ; in-8, basane. 8 fr.

1368. **Magasin pittoresque** (le), fondé et publié par M. A. Lachevardière, rédigé sous la direction de MM. Euryale Cazeaux et Edouard Charton. *Paris*, 1833-1895 ; 63 vol. pet. in-4, fig., demi-rel. et br. 200 fr.

Collection de l'origine à 1895. Les années 1833 à 1867 sont en demi-rel. dos et coins de veau fauve, et les années suivantes *brochées*.

Manque l'année 1868.

1369. **Magny**. Les Odes d'Olivier de Magny de Cahors en Quercy. *Lyon, Scheuring*, 1876 ; in-8, demi-rel. mar. vert, *non rogné*. 5 fr.

Belle édition sur PAPIER VERGÉ teinté, avec texte encadré d'un filet rouge.

1370. **Maillard** (Olivier). Quadragesimale opus Parhisiis declamatum in ecclesia sancti Johannis de Gravia. *Venundatur Parrhisiis ab Johanne Parvo.* (In fine :) *Anno* 1520, *die vero quarta octobris* ; pet. in-8 goth. de 178 ff. à 2 col., veau, dos orné, fil., tr. rouge. 25 fr.

Bel exemplaire de ces sermons fameux. Le titre porte la marque de l'éditeur Jean Petit.

1371. **Maillard** (Olivier). Sermones latine. *Parisiis, Jehan Petit*, 1506-1512 ; 4 vol. in-8, goth. à deux col., veau fauve, dos orné, fil. (*Rel. anc.*). 100 fr.

Sermones de Sanctis per totum anni circulum. — Sermones de Adventu declamati Parisiis. — Quadragesimale opus declamatum Parisiorum urbe. — Opus quadragesimale in civitate Nanetensi declamatum. — Feria VI de Passione sermo. — Sermones dominicales una cum aliquibus aliis.

1372. **Malleville**. Poésies du sieur de Malleville. *Paris, Augustin Courbé*, 1640 ; in-4, mar. bleu, dos orné, fil., tr. dor. (*Capé*). 100 fr.

Très bel exemplaire de la PREMIÈRE ÉDITION.

1373. **Malo** (Charles). Histoire des Tulipes. *Paris, Louis Janet*, *s. d.*, pet. in-12, br. 15 fr.

12 planches en couleurs dessinées par *P. Bessa*.

1374. **Malo** (Charles). Les Papillons. *Paris, Janet, s. d.* ; pet. in-12, cart., *non rogné*. 15 fr.

Titre et 11 planches finement coloriés.

1375. **Mantz** (Paul). Les Chefs-d'Œuvre de la peinture italienne. *Paris, Quantin*, in-fol., cart. toile verte. 50 fr.

20 chromolithographies de *Kellerhowen*,

1376. **Manuscrit**. RÉGOLA DI SANCTO AUGUSTINO PER. LE SUORE : Le constitutioni per le Monache del ordine di S. Augustino, etc., in-4, mar. brun (*Rel. anc. restaurée*). 800 fr.

Manuscrit sur vélin, de l'école italienne de la fin du XVe siècle écrit en lettres romaines, 25 longues lignes à la page, 3 pages sont enluminées de bordures et de miniatures représentant Saint Augustin, et 70 lettres initiales ornées.

1377. **Mario** (Jessie White). Agostino Bertani e i suoi tempi. *Firene, tipogr. Barbéra*, 1888 ; gr. in-8, portr., cart. toile, tr. r. 8 fr.

1378. **Marot** (Clément). Les Œuvres de Clément Marot valet de chambre du roy. Desquelles le contenu sensuit. L'adolescence Clementine, la suite de l'adolescence, bien augmentées. Deux livres d'Epigrammes. Le premier livre de la Metamorphose d'Ovide. Le tout par luy autrement, et mieulx ordonné, que par cy devant. *On les vend à Lyon, chez Gryphius*, 1538; pet. in-8 goth., mar. rouge, dos orné, fil., tr. dor. (*Rel. anc.*). 150 fr.

Rare édition donnée par Marot lui-même ainsi que le démontre une lettre du 31 juillet 1538 écrite par lui et insérée au début du volume. Elle est semblable à celle donnée par Dolet la même année. Piqûres de vers.

1379. **Marot** (Clément). Œuvres de Clément Marot, revues sur plusieurs ms. et sur plus de quarante éditions ; avec les ouvrages de Jean Marot, son père, ceux de Michel Marot, son fils, et les pièces du différent de Clément avec François Sagon. *La Haye, P. Gosse et J. Neaulme*, 1731 ; 6 vol. in-12, veau fauve, dos orné (*Rel. anc.*). 25 fr.

Belle édition donnée par Langlet du Fresnoy, plus complète que les précédentes.

1380. **Marsollier** (l'abbé de). La Vie de Dom Armand-Jean Le Bouthillier de Rance, abbé régulier et réformateur du monastère de la Trappe, de l'étroite observance de Cisteaux. *Paris, Jean de Nully*, 1703 ; 2 part. en 1 vol. in-4, portr., veau. 8 fr.

1381. **Martin** (Henri). Histoire de France depuis les temps les plus reculés presqu'en 1789 ; Quatrième édition. *Paris, Furne et Jouvet, s. d.*, 17 vol. in-8, br. 45 fr.

Portr. et figures sur acier.

1382. **Massillon**. Morceaux choisis, ou recueil de ce que ses écrits ont de plus parfait sous le rapport du style et de l'éloquence. *Paris, Renouard*, 1809 ; in-12, demi-rel., dos et coins de mar. La Vallière, tête dor, *non rogné*, (*Petit-Simier*). 6 fr.

– Portraits gravés d'après *Aug. de Saint-Aubin*.

1383. **Massillon**. Petit Carême. *Tours, Mame*, 1862 ; gr. in-8, dem.-rel., dos et coins de mar. La Vallière, tr. dor. 20 fr.

Tiré à 100 exemplaires.

1384. **Masson** (Charles). Narrative of various journeys in Balochistan, Afghanistan and the Panjab ; inclundig a résidence in those countries from, 1826 to 1838. *London*, 1842 ; 3 vol. in-8, cart. toile, *non rognés*. 10 fr.

Ouvrage orné de lithographies. Cartonnage fatigué.

1385. **Masson** (Michel). Une Couronne d'épines. *Paris, Ambr. Dupont*, 1836 ; 2 vol. in-8, demi-rel. veau rouge, dos orné. 6 fr.

ÉDITION ORIGINALE.

1386. **Mauvais** (Les) Garçons (par Alph. Royer et Aug. Barbier). *Paris, Renduel*, 1830 ; 4 vol. in-8, demi-rel. dos et coins de veau fauve, dos ornés. 8 fr.

ÉDITION ORIGINALE. 2 vignettes sur les titres par *Tony Johannot*. Quelques feuillets tachés.

1387. **Melon** (Paul). L'Enseignement supérieur et l'enseignement technique en France. *Paris, Collin*, 1893 ; in-8, br. 8 fr.

Un des 15 exemplaires tirés sur PAPIER DE Hollande (n° 4).

1388. **Mémoires** de l'Académie des Colporteurs (par le comte de Caylus). *De l'impr. ordinaire de l'Académie*, 1748 ; pet. in-8, chagr. bleu, dos orné, fil. et milieux, tr. dor. (*David*). 30 fr.

Un frontispice non signé qui est de *Cochin*, et 8 figures dans la manière de Gravelot.

1389. **Mémoires** de M. D. L. R. (La Rochefoucault) sur les brigues à la mort de Louis XIII, les guerres de Paris et de Guyenne, et la prison des princes. *A. Cologne, chez Pierre van Dyck*, 1662 ; pet. in-12, veau, tr. rouges, dos orné. 60 fr.

Aux armes et au chiffre de P.-H. DE BEAUVILLIERS, duc de Saint-Aignan.

1390. **Mémoires** historiques concernant l'ordre royal et militaire de Saint-Louis, et l'institution du mérite militaire (par Meslin). *Paris, Impr. Royale*, 1785 ; in-4, veau, marb. (*Rel. anc.* 15 fr.

1391. **Mémoires** historiques sur Raoul de Coucy. On y a joint le recueil de ses chansons en vieux langage, avec la traduction et l'ancienne musique (par de La Borde). *Paris, Pierres*, 1781 ; 2 vol. in-12, mar. rouge, dos ornés, fil., tr. dor. (*Rel. anc.*) 150 fr.

Bel exemplaire en GRAND PAPIER, orné des portraits gravés de Raoul de Coucy, d'Aubert de Fayel, de Gabriel de Levergies, dame de Fayel et d'une jolie vue de Coucy-le-Château. A la fin du second volume se trouvent douze pages de musique gravée.

De la bibliothèque H. GRÉSY.

1392. **Mémoire** dressé par ordre de M. le duc de Praslin, secrétaire d'État et ministre de la Marine, sur Saint-Domingue, par J. Rolland, ancien capitaine d'artillerie et ingénieur du roy. *Paris*, 1766 ; mss. in-4 de 268 p., mar. rouge, très larges dentelles à petits fers sur les plats, dos orné, dent. int., tr. dor. (*Rel. anc.*). 1.200 fr.

Très jolie reliure ornée de larges dentelles à petits fers, avec les armes mosaïquées de CHOISEUL, duc de PRASLIN.

C'est le manuscrit de dédicace.

1393. **Ménage**. OBSERVATIONS DE M. MÉNAGE sur la langue françoise. *Paris, Cl. Barbin*, 1675-1676. 2 vol. in-12, mar. bleu, dos orné. tr. dor. (*Duru*). 100 fr.

La première partie est de la seconde édition (La première édition est de 1672). Cette première partie est dédiée au chevalier de Méré.

La seconde partie est une réponse aux *Doutes sur la langue Française du Père Bouhours*. La polémique avec le père Jésuite remplit tout le volume. Ces deux parties des Observations sont d'un grand intérêt pour l'histoire de notre langue et se rencontrent rarement.

1394. **Ménard** (René). L'Art en Alsace-Lorraine. *Paris, libr. de l'Art*, 1876 ; in-4, cart. de l'éditeur, tr. dor. 15 fr.

Figures et eaux-fortes.

1395. **Menestrier** (C.-F.). Histoire du roy Louis Le Grand, par les médailles, emblêmes, devises, jettons, inscriptions, armoiries et autres monumens publics recueillis et expliquez par le père Claude François Menestrier. Nouvelle édition augmentée de cinq planches. *Paris, Nolin*, 1593; pet. in-fol. cart. 15 fr.

Titre-frontispice et 61 planches de médailles, et d'armoiries gravées en taille-douce.

1396. **Menestrier**. La Nouvelle Méthode raisonnée du Blason, pour l'apprendre d'une manière aisée ; réduite en leçons, par demandes et par réponses. *Lyon, Louis Bruyset*, 1718 ; in-12, front. et fig., chagr. rouge, dos orné, fil., tr. dor., 15 fr.

Taches.

1397. **Menot** (Michel). Sermones quadragesimales nunc denuo et diligentissime castigati et novis legum at que canonum addita mentis locupletati. *Parisiis*, 1526. *Ex officicina Claudii Chevallonii* pet. in-8 goth. de 16 et 224 ff., veau fauve, dos orné, fil. à froid. 20 fr.

Ces sermons qui ne sont pas sans mérite contiennent des passages facétieux et même bouffons qui les font rechercher des amateurs. Henri Estienne dans son Apologie pour Hérodote en a cité plusieurs extraits.

1398. **Mercurialis** (Hieron.). De arte Gymnastica libri sex, in quibus exercitationum omnium vetustarum genera, loca, modi, facultates, et quidquid denique ad corporis humani exercitationes pertincs, diligenter explicatur. *Venetis, apud Juntas*, 1601 ; in-4, vélin. 25 fr.

Nombreuses figures sur bois. Le feuillet de la p. 163 a été anciennement refait à la plume.

1399. **Merian** (Matth.). Historiæ sacræ Veteris et Novi Testamenti. (Figures de la Bible demostrans les principales Histoires de la Saincte Escriture). *Amsterdam, apud Nicolaum Visscher, s. d.*; 3 parties en un vol. in-4 oblong, vélin. 35 fr.

258 pl. gravées sur cuivre avec explication en latin, en allemand, en français, en anglais et en hollandais.

1400. **Mérigot**. Promenades ou itinéraire des jardins de Chantilly. *Paris*, 1791 ; in-8, cart. 35 fr.

20 estampes gravées et dessinées par *Mérigot*.

1401. **Mérigot fils** (J.). Promenade ou itinéraire des jardins d'Ermenonville. *Paris, Mérigot*, 1811 ; in-8, vélin blanc, *non rogné*. 30 fr.

Orné de 25 planches représentant les principales vues d'Ermenonville.

1402. **Mérimée**. La Double Méprise par l'auteur du théâtre de Clara Gazul. *Paris, Fournier*, 1833 ; in-

8, demi-rel., dos et coins de veau fauve. 15 fr.

ÉDITION ORIGINALE.

1403. **Metchnikoff** (L.). L'Empire Japonais. *Genève*, 1881 ; in-4, cart. toile. 12 fr.

Figures et cartes en couleurs. Ouvrage publié à 30 fr.

1404. **Mezeray**. Abrégé chronologique de l'histoire de France, 6 vol. — Histoire de France avant Clovis, l'origine des François et leur establissement dans les Gaules... 1 vol. *Amsterdam, Wolgang*, 1673-1688. — Ens. 7 vol. in-12, front. et port. grav., mar. rouge jans., dent. int., tr. dor. (*Quinet*). 125 fr.

Jolie édition, la plus recherchée, de l'abrégé du grand ouvrage de Mezeray ; elle s'annexe à la collection elzévirienne (Willem, n° 1876).

1405. **Mezeray** (de). Abrégé chronologique ou extraict de l'histoire de France. *Paris, Billaine*, 1678 ; 3 vol. in-4, portraits, mar. rouge, fil., dos orné, tr. dor. (*Rel. anc.*) 300 fr.

Bel exemplaire contenant un beau portrait de Louis XIV par *P. Landry* et ceux des principaux rois de France.

1406. **Mézeray** (le Sr de). Histoire de France avant Clovis, l'origine des François et leur établissement dans les Gaules. *Amsterdam et se vend à Liège chez J.-F. Broncart*, 1700 ; in-12. — Abrégé chronologique de l'Histoire de France divisé en six tomes. *Amsterdam, Ant. Schelte*, 1700 ; 6 vol. in-12, front. grav. et portraits. Ens. 7 vol. in-12, mar. rouge jans., tr dor. 250 fr.

Bel exemplaire dans une bonne reliure ancienne. Aux armes d'ESTAVAYÉ, BARON DE MOLONDIN

1407. **Milet** (Ambroise). Notice sur D. Riocreux, conservateur du musée céramique de Sèvres. *Paris*, 1883 ; in-4, br. 8 fr.

Portrait gravé par *Focillon*.

1408 **Milleville**. Armorial historique de la noblesse de France, recueilli et rédigé par un comité. *Paris, Vaton*, 1845 ; gr. in-8, front. br. 8 fr.

Blasons et figures sur bois dans le texte.

1409. **Millien** (Achille). Premières et nouvelles poésies, 1859-1873. *Paris, Lemerre*, 1875 ; 2 vol. gr. in-8, br. 12 fr.

Publiés à 40 fr.

1410. **Milton**. Le Paradis perdu ; édition en anglais et en français. (Traduction de Dupré de Saint-Maur). *Paris, Defer de Maisonneuve*, 1792 ; 2 vol. in-4 fig. veau marbr., dos orn., tr. dor. (*Rel. anc*). 200 fr.

Exemplaire en papier vélin, avec les douze figures en couleurs de *Schall*, AVANT LA LETTRE.

1411. **Mistral** (Fr.). Discours prononcés dans la séance publique tenue par l'Académie de Marseille pour la réception de M. Frédéric Mistral, le 13 février 1887. *Marseille, Impr. du Journal de Marseille*, 1887 ; gr. in-4, demi-rel. perc. bleue, couv. impr. (*Féchoz*). 5 fr.

Le discours de Mistral est en provençal avec le français en regard. La réponse de Monsieur Eugène Rostand, président de l'Académie, en français seulement.
Bel exemplaire.

1412. **Molière**. Œuvres, précédées d'une notice sur sa vie et ses ouvrages, par Sainte-Beuve. *Paris, Paulin*, 1835 ; 2 vol. gr. in-8, cart., *non rognés*. 25 fr.

Portrait de Molière en regard du titre et 800 vignettes dans le texte gravées sur bois par *Andrew, Best* et *Leloir, Maurisset, Porret* et autres d'après *Tony Johannot*. Exemplaire de PREMIER TIRAGE.

1413. **Monnier** (Henry). Scènes populaires dessinées à la plume. *Paris, Dentu*, 1864 ; in-8, fig., cart. 12 fr.

80 illustrations dans le texte par Henry Monnier.

1414. **Monselet** (Charles). Portraits après décès, avec lettres inédites et fac-simile. *Paris, Faure*, 1866 ; in-12, demi-rel. dos et coins toile, *non rogné*. 6 fr.

ÉDITION ORIGINALE, couverture conservée.

1415 **Montagne** (Edouard). La Feuille à l'envers. *Paris, Monnier*, 1885 ; in-8, br., couv. 7 fr.

Illustrations de *Gorguet* et *Fau*.

1416. **Montaiglon** (A. de). Procès-verbaux de l'Académie royale de peinture et de sculpture, 1648-1792. *Paris, Baur*, 1875-1878 ; 2 vol. in-8, br. (Tomes I et II). 5 fr.

1417. **Montesquieu**. Le temple de Gnide, suivi d'Arsace et Isménie. *Paris, P. Didot aîné, an IV* (1796) ; in-12, veau fauve, dos orné, fil., dent. à froid et dor. sur les plats, tr. dor. 10 fr.

Jolie édition sur papier vélin avec portrait-médaillon de Montesquieu par *Aug. de Saint-Aubin.*

1418. **Montorgueil** (Georges). PARIS DANSANT, illustrations de A. Willette, gravées en taille-douce et en couleurs par Vigna-Vigneron. *Paris, Théophile Belin,* 1898 ; gr. in-8, mar. bleu gris, dos mosaïqué, sur le premier plat très riche décoration mosaïquée sans or, inspirée du Livre, masque, éventails, lampions, grelots, croissant ; sur le second plat, guirlandes de grelots mosaïqués et ornem. dorés formant encadrement doublé de soie, grelots dorés formant dentelle avec têtes mosaïquées aux angles, tr. dor. sur br., couv., étui (*Ch. Meunier*). 800 fr.

Édition unique à 200 exemplaires (n° 98), avec double épreuve des gravures en noir et en couleurs, et la suite complète des vignettes en tirage à part.

AQUARELLE ORIGINALE de WILLETTE ajoutée.

1419. **Morel de Vindé**. Primerose. *Paris, Leclerc,* 1863 ; in-12, demi-rel. dos et coins de mar. vert, tête dor., *non rogné.* 18 fr.

Exemplaire en GRAND PAPIER, tiré à 100 exemplaires ; figures de *Lefèvre.*

1420. **Morel de Vindé**. Zélomir. *De l'impr. de P. Didot. A Paris, chez Bleuet jeune,* 1801 ; pet. in-12, cart. 10 fr.

6 figures de *Lefèvre,* gravées par *Godefroy.*

1421. **Mort** (La) de Mandrin, tragi-comédie, représentée pour la première fois à Nancy, en 1756 par M. L. (Nicolas de La Grange). *Sur la copie imprimée à Valence (Nancy, imp. de P. Antoine),* 1756 ; in-12, veau (*Rel. anc.*). 5 fr.

Déchirure à un feuillet.

1422. **Mouhy** (de). Le Répertoire de toutes les pièces restées au théâtre françois, avec la date, le nombre des représentations, et les noms des auteurs et des acteurs vivans. *Paris, Vve Pissot,* 1753 ; in-16, veau. 6 fr.

Envoi d'auteur.

1423. **Mouton** (Eugène). Zoologie morale. *Paris, Charpentier,* 1881-1882 ; 2 tomes en un vol. pet. in-8, demi-rel. veau fauve. 7 fr.

Frontispice à l'eau-forte.

1424. **Murailles** (Les) politiques françaises. *Paris, Le Chevalier,* 1875 ; 3 vol. in-4, br. 12 fr.

Publication fort intéressante par les documents officiels, sous forme d'affiches, qu'elle reproduit : Tome I. L'Invasion ; La Libération. — Tome II. Du 4 septembre au 18 mars. — Tome III. Du 18 mars au 27 mai.

1425. **Muses** (Les) du foyer de l'Opéra. Choix des poésies libres, galantes, satyriques et autres, les plus agréables qui ont circulé depuis quelques années dans les sociétés galantes de Paris. *Bruxelles,* 1883 ; in-8, demi-chagr. rouge avec coins, tête dor., *non rogné.* 12 fr.

Illustrations dans le texte.

1426. *Le même. Bruxelles,* 1883 ; in-8, br. 8 fr.

1427. **Mystère** de Saint Crespin et Saint Crespinien, publié pour la première fois, par L. Dessalles et P. Chabaille. *Paris, Silvestre,* 1836 ; gr. in-8, demi-rel. dos et coins de mar. vert, tête dor., *non rogné.* 12 fr.

L'un des 175 exemplaires sur PAPIER VÉLIN.

1428. **Naples**. Vues de Naples et des environs. *S. l. n. d.* ; in-4, obl., demi-rel. dos et coins veau. 30 fr.

30 planches dessinées par *Bracci,* gravées en taille-douce par *Ant. Cardon.*

1429. **Napoléon**. Vie politique et militaire de Napoléon, racontée par lui-même, au tribunal de César, d'Alexandre et de Frédéric (par le Général Henri de Jomini). *Paris, Anselin,* 1827 ; 4 vol. in-8, veau, dos orn., dent. et orn. à froid sur les plats, tr. marb. 40 fr.

Magnifique reliure romantique.

1430. **Néel**. Voyage de Paris à Saint-Cloud par mer et retour de Saint-Cloud à Paris par terre. *Paris, Lahure,* 1884 ; in-8, br. 7 fr.

Très jolies figures en couleurs, par *Jeanniot.*

1431. **Nodier**. Bibliothèque sacrée grecque-latine, ouvrage rédigé d'après Mauro Boni et Gamba, par Ch. Nodier. *Paris, Thoisnier-Desplaces,* 1826 ; in-8, basane. 10 fr.

Ouvrage de bibliographie des plus intéressants pour l'histoire de l'église dans les premiers siècles de notre ère.

1432. **Nodier** (Charles). Contes. *Paris, Hetzel,* 1846 ; gr. in-8, cart., éb. 12 fr.

PREMIER TIRAGE. 8 eaux-fortes de *Tony Johannot*. Quelques taches de rousseur.

1433. **Nodier**. Description raisonnée d'une jolie collection de livres (nouveaux mélanges tirés d'une petite bibliothèque), par Charles Nodier. *Paris, Techener,* 1844; in-8, cart. toile, *non rogné*. 12 fr.

Ouvrage de bibliographie recherché, contenant la Vie et la nomenclature de tous les ouvrages de Charles Nodier.

1434. **Nodier** (Charles). Promenade de Dieppe aux montagnes d'Ecosse. *Paris, Barba,* 1821 ; in-12, demi-rel. veau fauve. 10 fr.

Figures en couleur et carte.

1435. **Noël** (Eugène). La Vie des Fleurs. Précédée d'une préface par P.-J. Stahl. *Paris, Hetzel, s. d.* ; gr. in-8, demi-rel. dos et coins de mar. vert, *non rogné*. 15 fr.

Vignettes par *Yan' Dargent*.

1436. **Noriac** (Jules). Le 101e Régiment. *Paris, libr. nouvelle,* 1858 ; in-12, br., couv. 10 fr.

EDITION ORIGINALE.

1437. **Œttinger** (Édouard-Marie). Bibliographie biographique universelle. Dictionnaire des ouvrages relatifs à l'histoire de la vie publique et privée des personnages célèbres de tous les temps et de toutes les nations depuis le commencement du monde jusqu'à nos jours. *Paris, Lacroix,* 1866 ; 2 vol. in-4, br. 15 fr.

1438. **Olivier.** L'Art des armes simplifié, ou nouveau traité sur la manière de se servir de l'épée, enrichi de figures en taille-douce. Nouvelle édition revue, corrigée et augmentée de plusieurs planches. *Londres, J. Bell,* 1780 ; in-8, veau fauve. 60 fr.

14 planches gravées en taille-douce par *Jenkins, Grignion, Blake, Goldar,* d'après *J. Roberts* et *Jenkins*. Texte anglais et français.

1439. **Olivier** (Jacques). Alphabet de l'imperfection et malice des femmes... *Paris,* 1630 ; in-12, veau rouge, tr. dor. 10 fr.

Très rare.

1440. **O'Neddy** (Philotée). Poésies posthumes de Philotée O'Neddy (Th. Dondey). *Paris, Charpentier,* 1878 ; in-18, demi-rel. dos et coins de mar. bleu, tête dor., *non rogné*. (*Féchoz*). 7 fr.

L'un des 75 exemplaires sur PAPIER DE HOLLANDE.

1441. **Pailleron** (Édouard). La Souris, comédie en trois actes. *Paris, Calmann Lévy,* 1888 ; in-8, cart., *non rogné*. (*Féchoz*). 8 fr.

EDITION ORIGINALE. Couverture conservée.

1442. **Palissot**. Œuvres. Nouvelle édition revue et corrigée. *Paris, impr. de Monsieur,* 1788 ; 4 vol. in-8, mar. rouge à grain long, dos ornés, tr. dor. (*Rel. anc.*). 200 fr.

Portrait de Palissot par *Monnet* gravé par *Choffard* et 18 figures par *Méon* et *Monnet*.

1443. **Palladio** (André). Les Batimens et les dessins d'André Palladio, recueillis et illustrés par Octave Bertotti Scamozzi, en italien et en français. *Vicence,* 1776-1783 ; 4 vol. gr. in-fol. Ens. 5 vol. gr. in-fol., veau racine, dos orné, fil., tr. rouge. 200 fr.

Édition la plus belle et la meilleure que l'on ait de cet excellent ouvrage. Elle est ornée en totalité de 234 planches gravées sur cuivre.
Bel exemplaire.

1444. **Pallas.** Voyages dans plusieurs provinces de l'empire de Russie et dans l'Asie septentrionale, traduits de l'allemand par Gauthier de la Peyronie. *Paris, Lagrange,* 1788-1793 ; 5 vol. in-4 et atlas in-fol., mar. rouge, dos ornés, dent., tr. dor. (*Rel. anc.*). 100 fr.

1445. **Paradin** (Claude). Devises héroïques, par M. Claude Paradin, chanoine de Beaujeu. *A Lion, par Jean de Tournes, et Guil. Gazeau,* 1557 ; in-8, vélin à recouvrements, fil., mil., tr. dor. (*Rel. anc.*). 200 fr.

Ce charmant volume est illustré de 182 emblèmes gravés sur bois avec leur explication et celles des devises qui les accompagnent. Ces devises sont pour la plupart celles des principaux personnages du XVIe siècle. Le dernier porte la marque

de Jean de Tournes avec sa devise : « Son art en Dieu ».
Bel exemplaire

1446. **Parapilla,** poème en cinq chants, traduit de l'Italien. *A Florence,* 1776 ; in-8, demi-rel. dos et coins de mar. bleu, tête dor., *non rogné.* 10 fr.

Ouvrage facétieux.

1447. **Parcieux** (de). Traité des Annuités, ou des rentes à terme connu, avec plusieurs tables qui mettent à la portée de tout le monde le calcul des emprunts et les opérations de finance. Ouvrage présenté au Roi, le 8 juillet 1781, par M. de Parcieux. *A Paris, chez l'auteur,* 1783 ; in-4, mar. vert, dos orné, fil., dent. int., tr. dor. (*Derome*). 200 fr.

Bel exemplaire aux armes de Georges-Louis Phélypeaux, archevêque de Bourges et chancelier de l'Ordre du Saint-Esprit.

1448. **Paris.** Essais historiques sur Paris, pour faire suite aux Essais de M. Poullain de Saint-Foix, par Aug. Poullain de Saint-Foix. *Paris, Debray et Lenoir,* 1805 ; 2 vol. in-8, portr., cart. 10 fr.

Auguste Poullain de Saint-Foix, auteur de ces Essais, était le neveu de Germain-François, auteur d'un autre ouvrage très connu portant le même titre et qui eut plusieurs éditions successives au milieu du XVIIIe siècle.

1449. **Paris historique.** Promenade dans les rues de Paris, par MM. Ch. Nodier et Aug. Regnier et Champin, avec un résumé de l'histoire de Paris par L. Christian. *Paris, Levrault-Bertrand,* 1838-1839 ; 3 vol. in-8, demi-veau rouge, dos ornés (*Rel. anc.*). 80 fr.

Ouvrage orné de 202 vues lithographiées sur papier de Chine, d'après les dessins de MM. *Aug. Regnier* et *Champin.*

1450. **Paroisien** (Le) des dames, contenant l'office du matin et celui du soir, à l'usage de Paris et de Rome. Nouvelle édition. *Paris, Louis Janet,* s. d. ; in-12, rel. soie blanche, dos et plats orn., dent. int., tr. dor. 30 fr.

Orné d'un joli titre gravé, et de 5 fig. sur acier, non signés.

1451. **Partisans** (les) demasquez, ou suite de l'art de voler sans ailes. Nouvelle galante. *Paris, Adrien l'Enclume,* 1709 ; pet. in-12, front., demi-rel. mar. brun (*Vogel*). 5 fr.

1452. **Pasquier** (Et.). Les Recherches de la France d'Estienne Pasquier, augmentées par l'autheur en cette dernière édition de plusieurs beaux placards et passages, et de dix chapitres entiers. *Paris, Laurent Sonnius,* 1611 ; in-4, vélin. 25 fr.

Portrait de l'auteur par *Thomas de Leu.*

1453. **Passavant** (J.-D.). Raphaël d'Urbin et son père Giovanni Santi. *Paris, J. Renouard,* 1860 ; 2 vol. in-8, br. 8 fr.

Publié à 20 fr.

1454. **Passion** (The) of our Saviour. (*London*), *Printed by J. Boydell engraver, s. d.* ; in-8 obl., demi-rel. veau bleu. 25 fr.

35 planches, y compris le titre, gravés d'après *Sébastien Le Clerc.*

1455. **Pellé.** Les îles et les bords de la Méditerranée, comprenant la Sicile et la côte de Barbarie, etc., illustrées par W. Leitch, Bart, Grenville-Temple, Allen et Major Irton, précédées d'un essai historique sur la Méditerranée, par C. Pellé. *Londres, Fischer, s. d.* (1840) ; 2 vol. in-4, cart. toile bleue, tr. dor. (*Rel. de l'éditeur*). 35 fr.

64 planches et 1 carte gravées.

1456. **Pensées** et réflexions des Egaremens des hommes dans la voye du salut. (Par Pierre de Villiers). Troisième édition. *Paris, J. Collombat,* 1700 ; 2 vol. in-12, front., mar. rouge, dos orné, fil., doublé de mar. vert, dent. int., tr. dor. (*Rel. anc.*). 300 fr.

Exemplaire aux armes de Marguerite-Louise-Suzanne de Béthune, duchesse du Lude.
Le bas des titres a été découpé.

1457. **Perucci.** Pompe funèbre de tutta le nationi del Mondo, raccolte dalle storie sagre e profane dall' eccellentiss. sig. Francesco Perucci. In questa seconda impressione reviste. *Verona, Fr. Rossi, s. d.* (1646) ; in-4 oblong, pl. veau. 10 fr.

Ouvrage orné de 25 planches intéressantes, gravées sur cuivre, donnant la représentation des funérailles usitées chez les anciens peuples.
Mouillures et piqûres de vers à quelques feuillets.

1458. **Petermann** (A.). Mittheilungen aus Justus Perthesi geographischer aus alt uber Wichtige neue erfoschungen auf dem gesammtgebiete der Geographie von Dr A. Petermann. *Gotha, Justus Perthes*, 1855-1885 ; 43 vol. in-4, demi-rel. et br. 250 fr.

Belle collection géographique ornée de nombreuses cartes en couleurs. — 20 volumes sont en demi-rel. chagr. noir et le reste en livraisons.

1459. **Potius** (Laur). Vinea Domini, cum brevi descriptione sacramentorum et Paradisi, Limbi, Purgatori atque Inferni. Cum appositis figuris tam Novi quam Veteris Testamenti. *Venetiis, H. Porrus*, 1588; in-8, titre gravé et fig., mar. brun, dos orné, fil. à froid, tr. dor. (*Capé*). 120 fr.

Très bel exemplaire d'un livre rare avec le PREMIER TIRAGE des figures comprenant un titre gravé, le portrait de l'auteur et 13 planches gravées avec finesse par *H. Porro*.

1460. **Petrarca** (Il), con l'espositione di M. Alessandro Velutello di nuova ristampato con le figure a i trionfi con le apostille é con piu cose utili agguinte. *In Venetia, appresso Nicolo Bevilacqua*, 1568 ; 2 parties en 1 vol. in-4, veau fauve, fil., tr dor. 20 fr.

Excellente édition.

1461. **Philippe** et Laure, ou histoire de Philippe Harris et de Laure de Richepanse (par P.-C. Briant). *Paris, Lecointe et Durey*, 1823 ; 4 tomes en 2 vol. in-12, demi-rel vélin, tête dor., éb. 8 fr.

Exemplaire du bibliophile JACOB (PAUL LACROIX).

1462. **Philobiblion**. Excellent traité sur l'amour des livres, par Richard de Bury, évêque de Durham, grand chancelier d'Angleterre, traduit pour la première fois en français, et suivi du texte latin revu sur les anciennes éditions et les manuscrits de la Bibliothèque impériale, par Hippolyte Cocheris. *Paris, Aubry*, 1856 ; pet. in-8, cart. perc. noire, *non rogné*. 4 fr.

Curieux ouvrage tiré à 500 exemplaires seulement.

1463. **Philostrate.** Les Images ou tableaux de platte peinture des deux Philostrates sophistes grecs et les statues de Callistrate, mis en françois par Blaise de Vigenève, bourbonnois, enrichis d'arguments et annotations. Reveus et corrigez sur l'original par un docte personnage de ce temps en la langue grecque et representez en tailledouce en cette nouvelle édition, avec des épigrammes sur chacun d'iceux par Thomas d'Embry. *Paris, Vve Abel l'Angelier*, 1614 ; in-fol., veau. 100 fr.

Titre gravé et 68 belles planches gravées en taille-douce par *Jaspar Isaac, Léonard Gaultier*, et *Thomas de Leu*.

1464. **Picardie**. Vues pittoresques de l'ancienne France, lithographiées d'après nature. *Paris*, 1835 ; in-fol., cart., *non rogné*.

COMPIÈGNE et NOYON, 43 pl. 40 fr.
BEAUVAIS et ses environs, 52 pl. 50 fr.
SOISSONS et ses environs, 51 pl. 50 fr.
PÉRONNE et MONTDIDIER, 35 pl. 35 fr.
AMIENS et ses environs, 76 pl. 70 fr.

1465. **Pieters** (Charles). Annales de l'imprimerie elzévirienne, ou histoire de la famille des Elsevier et de ses éditions. *Gand, C. Annot-Braeckman*, 1851 ; in-8, demi-rel. dos et coins de chagrin bleu, dos orné, tête dor., *non rogné*. 18 fr.

ÉDITION ORIGINALE.

1466. **Piis**. Chansons nouvelles de M. de Piis. *Paris, Defer de Maisonneuve* (*Paris, Rouquette, 1891*), in-12, br. 12 fr.

Réimpression textuelle à 300 exemplaires de l'édition de 1785, illustrée de un portrait gravé par *Dubouchet*, d'un frontispice par *Choffard* et de 12 figures gravées par *Gaucher* d'après *Le Barbier*.

1467. **Pinset** (Raphaël) et Jules **d'Auriac.** Histoire du Portrait en France. *Paris, Quantin*, 1884 ; in-8, br. 18 fr.

Illustrations dans le texte.

1468. **Plaisirs** (les) de l'Isle enchantée ou les festes et divertissements du Roy à Versailles, divisez en trois journées et commencez le 7e jour de may de l'année 1664. — Les Divertissements de Versailles donnés par le Roy à toute sa cour au retour de la conqueste de la Franche-Comté, en l'année

1674. Deux parties en 1 vol. in-fol., demi-rel. mar. vert avec coins, dos orné, fil., tr. dor. 200 fr.

1re partie. 9 planches gravées par *Israël Silvestre* en premières épreuves, avant les mots *excudit cum privilegio*. 2e partie. 11 planches par *Le Pautre* et *Chauveau*. Manque le titre de 2e partie. Planches seules sans texte explicatif. L'exemplaire est interfolié de papier blanc.

1468 bis. **Podestat** (Maurice de). La Comédie au Boudoir. *Paris, Lacroix*, 1868 ; in-12, br. (couv. ill.). 10 fr.

7 eaux-fortes tirées sur Japon par *Feyen-Perrin*, *Lalanne*, *Martial*, *E. Morin, Beyle* et 14 vignettes sur bois. Exemplaire sur PAPIER DE CHINE.

1469. **Poésies anciennes.** 8 pièces en 1 vol. in-8. mar. bleu, fil., tr. dor. (*Closs*). 45 fr.

Cette réimpression figurée de huit pièces anciennes, publiée de 1829 à 1839 par Pinard n'a été tirée qu'à 42 exemplaires sur PAPIER DE HOLLANDE. Elle comprend :
La Chasse du cerf des cerfz, composée par Pierre Gringoire. — Le Cry et Proclamation publicque, pour jouer le mistère des Actes des Apostres en la ville de Paris... — Lyon marchant, satyre françoise. — Le Laiz d'amour divī à VIII psōnages. — Les Faictz marveilleux de Virgille. — Le Mariage des quatre filz Hemon et des Dampsinō. — Les Ditz et Ventes damours. — La Vie et trespassement de Caillette.

1469 bis. **Pommier** (Amédée). Craneries et dettes de cœur. *Paris, Dolin*, 1842 ; in-8. cart., *non rogné*, couv. 5 fr.

ÉDITION ORIGINALE.

1470. **PORTRAITS DES GRANDS HOMMES,** femmes illustres, et sujets mémorables de France, gravés et imprimés en couleurs. *Paris, Blin, s.d.* (1786-1791) ; 2 vol. in-4, fig., veau écaille, dos orn., fil., tr. dor. (*Rel. anc.*). 850 fr.

Titre gravé, dédicace, 96 portraits et 96 estampes gravés en couleurs par *Moret*, Mme *de Cernel, Roger, Sergent*, etc.
Collection très intéressante devenue fort rare, surtout aussi complète.

1471. **Promenades** d'un artiste (par Désiré Nisard). Bords du Rhin. — Hollande. — Belgique. — Tyrol. — Suisse. — Nord de l'Italie. *Paris, J. Renouard*, s. d. (1835) ; 2 vol. in-8, demi-veau vert, dos ornés (*Rel. anc.*). 70 fr.

Illustré de 52 fig. d'après *Stanfield* et *Turner*.

1472. **Promenades** (Les) et Rendez-Vous du parc de Versailles. (Par Huerne de la Mothe). *Londres*, 1784 ; 2 tomes en un vol. pet. in-12, veau. 8 fr.

1473. **Proudhon** (P.-J.). Correspondance ; précédée d'une notice par J.-A. Langlois. *Paris, Lacroix*, 1875 ; 14 vol. in-8, br. 45 fr.

1474. **Pufendorff**. Introduction à l'histoire moderne, générale et politique de l'univers, augmentée par M. Bruzen de la Martinière. Nouvelle édition revue, augmentée et continuée jusqu'en 1750, par M. de Grâce. *Paris, Mérigot*, 1753-59 ; 8 vol. in-4, front., veau, fil., tr. dor. 70 fr.

Bel exemplaire contenant 1 frontispice par *Eisen*, gravé par *Aliamet*; 8 fleurons, 1 écusson n. sig., 1 médaillon avec portrait par *Ehrenstrahl* gravé par *Fiquet*, 32 vignettes, 23 culs-de-lampe, dont beaucoup se répètent et 25 cartes géographiques,
Exemplaire en GRAND PAPIER DE HOLLANDE.

1475. **Quatrelles**. A coups de fusil. Ouvrage illustré de trente dessins originaux hors texte par A. de Neuville. Nouvelle édition. *Paris, Charpentier*, 1877 ; in-4, br. 8 fr.

Quatrelles est le pseudonyme d'Ernest L'Epine.

1476. **Quatrelles** (Lépine). Le Chevalier Beau-Temps. Préface Alexandre Dumas fils. Vignettes de Gustave Doré. *Paris, Pougin*, 1870 ; in-8, br. 7 fr.

1477. **Quérard** et **Barbier**. Les Supercheries littéraires dévoilées, par J.-M. Quérard. — Dictionnaire des ouvrages anonymes, par Ant.-Alex. Barbier. *Paris, Daffis*, 1869-1879 ; 7 vol. in-8, demi-rel. 80 fr.

1478. **Quévedo** Villegat (D. Fransc.). Les Visions de dom Francisco de Quevedo Villegat. Augmentée de l'Enfer réformé, et du décret de Lucifer, traduit d'espagnol en français, par le sieur de La Geneste. *Troyes, Vve Oudot, s. d.*; in-12, demi-rel. dor., dos et coins de mar. rouge, fil., dos orné, *non rogné*. 10 fr.

1479. **Quilliet**. Dictionnaire des

peintres espagnols. *Paris*, 1816 ; in-8, demi-rel. veau gris. (*Capé*). 6 fr.

1480. **Quinze Joyes** (les) du mariage, avec des notes et un glossaire par D. Jouaust, et une préface de Louis Ulbach. *Paris, Librairie des Bibliophiles*, 1877 ; in-12, demi-rel. mar. bleu, dos orné, fil., tête dor., *non rogné*, couv. conservée. 12 fr.

Bel exemplaire orné de 15 vignettes et 15 culs-de-lampe gravées à l'eau-forte par *Ad. Lalauze*.

1481. **Rabou** (Charles). Louison d'Arquien. *Paris, Dumont*, 1840 ; in-8, demi-rel. chagrin rouge. 7 fr.

ÉDITION ORIGINALE.

1482. **Racan**. Les Bergeries de Mre Honorat de Bueil, chevalier, sieur de Racan, dédiées au Roy. Nouvelle édition revuë et corrigée. *Paris, Nicolas Le Clerc*, 1698 ; in-12, mar. vert, fil., dos orné, tr. dor. (*Rel. anc.*). 150 fr.

Bel exemplaire réglé dans une bonne reliure ancienne.

1483. **Racine** (Jean). Œuvres complètes de J. Racine précédées de mémoires sur sa vie, par Louis Racine. *Paris, Furne*, 1840 ; in-8, demi-rel. chag. v., dos orné. 10 fr.

Portrait par François et 12 figures de *Deveria, Girodet, Chaudet, Desenne, Gerard*, etc., gravées sur acier par *Lefèvre, Pigeot, Audibran, Collin*.

1484. **Racinet**. L'Ornement polychrome. Recueil historique et pratique, publié sous la direction de M. A. Racinet, avec des notices explicatives et une introduction générale. *Paris, Firmin Didot*, 1869-1872 ; 10 albums in-fol., cart. toile rouge. 80 fr.

Cent planches en couleurs, or et argent, contenant environ 2.000 motifs de tous les styles. Art ancien et asiatique. Moyen Age. Renaissance. XVIIe et XVIIIe siècles.

1485. **Recueil** dit de Maurepas. Pièces libres, chansons, épigrammes et autres vers satiriques sur divers personnages des siècles de Louis XIV et Louis XV, accompagnées de remarques curieuses du temps. Publiées pour la première fois, d'après les manuscrits conservés à la Bibliothèque Impériale à Paris, avec des notices, notes, tables, clefs, etc. *Leyde*, 1865 ; 6 vol. in-12, br. 60 fr.

PAPIER DE HOLLANDE.

1486. **SAINT-NON** (l'abbé Richard de). Voyage pittoresque, ou Description des royaumes de Naples et de Sicile. *Paris*, (*Clousier*), 1781-86 ; 4 tomes en 5 vol. in-fol., planches gravées, mar. rouge, dos orné. dent. sur les plats, et dent. int., tr. dor. (*Rel. anc.*). 800 fr.

Exemplaire de premier tirage contenant la planche de Phallus (tome II, page 52) ainsi que les 14 pl. de médailles des villes de la Sicile.
Légère mouillure au titre du tome I.

1487. **SAINTE-BIBLE**. La Sainte Bible, selon la Vulgate, traduction nouvelle (par MM. Bourassi et Janvier). *Tours, Alfred Mame*, 1866 ; 2 vol. in-fol., fig., mar. rouge, compart. et arabesques, mosaïque de mar. blanc, bleu et brun, doublé de mar. rouge et grenat. entrelac. de fil., gardes de tabis rouge, tr. dor. 1200 fr.

Illustration de *Gustave Doré*, ornement du texte de *Giacomelli*. Superbe exemplaire dans une reliure de toute beauté.

1488. **Sanson** (H.). Sept générations d'exécuteurs. 1688-1847. Mémoires de Sanson, mis en ordre, rédigés et publiés par H. Sanson, exécuteur des hautes œuvres. *Paris, Dupray de la Mahérie*. 1862-1863 ; 6 vol. in-8, demi-rel. chagrin vert. 35 fr.

1489. **Savornin** (de). Sentimens d'un homme de guerre sur le nouveau système du chevalier de Folard ; par sapport à la colonne et au mélange des différentes armes d'une armée. *Paris, Briasson*, 1753 ; in-4, veau fauve, fil., tr. rouge, planches. 20 fr.

Aux armes de NICOLAS ROUJAULT.

1490. **Sévigné**. Lettres de Marie de Rabutin-Chantal, Marquise de Sévigné à sa fille et à ses amis. Edition revue et publiée par M. Silvestre de Sacy. *Paris, Techener*, 1861 ; 11 vol. in-12, demi-bas. 30 fr.

Deux portraits de Mme de Sévigné gravés par *Jacquemard*. Reliure fatiguée.

1491. **Strazewicz** (Josep). Émilie Plater, sa vie et sa mort, avec une préface de M. Ballanche. *Paris*,

1835 ; in-8, veau vert, dos orné, fil., tr. dor. 10 fr.

Ce livre est un des épisodes de l'insurrection polonaise de 1830.
Joli portrait lithographié par *Devéria*.

1492. **Surville** (Clotilde de). Poésies et poésies inédites de Clotilde de Surville, poète français du XVe siècle. Nouvelle édition publiée par C. Vanderbourg. *Paris, Nepveu*, 1825-1826 ; 2 vol. in-16, demi-rel. mar. vert. tête dor., *non rognés*. 20 fr.

Gravures avec encadrements gothiques d'après *Colin*.
Le second volume a été publiée par Charles Nodier et de Roujoux.

1493. **Syntax**. The Tour of Doctor Syntax through London, or the Pleasures and Miseries of the Metropolis. A Poem by doctor Syntax. *London, Johnston*, 1820 ; in-8, veau marbr., dos orné, tr. dor. 150 fr.

Rare volume orné d'un frontispice, d'un fleuron sur le titre et 18 figures en couleur dans le genre de *Rowlandson*.

1494. **Tablettes géographiques** pour l'intelligence des historiens et des poètes latins (par Philippe de Prétot). *Paris, Lottin*, 1755 ; 2 vol. in-12, mar. rouge, fil. à froid, tr. dor. (*Rel. anc.*). 50 fr.

Bel exemplaire dans une excellente reliure ancienne.

1495. **Tabourot** (Estienne). Les Bigarrures et touches du Seigneur des Accords avec les Apophtegmes du sieur Gaulard et les Escraignes dijonnaises. *Paris, Estienne Maucroy*, 1662 ; 2 tomes en 1 vol. in-12, portr. et fig., mar. bleu, fil. à froid, tr. dor. (*Duru*). 70 fr.

Bel exemplaire.

1496. **Taylor** et **Nodier**. Voyages pittoresques et romantiques dans l'ancienne France. — Languedoc. *Paris, Didot*, 1823-1827 ; 6 part. en 4 vol. in-fol., demi-rel. chagrin rouge, *non rognés*. 300 fr.

Le Languedoc, divisé en 6 part., renferme 331 planches numérotées de 1 à 331 215 pl. supplémentaires, soit en tout 546 pl. hors texte, la plupart sur Chine, mais très mal chiffrées ; le texte n'a pas de pagination ; les cahiers sont de 2 ff. et chaque page est tirée dans un superbe encadrement historié.
Très bel exemplaire.

1497. **Térence**. Les comédies de Térence, avec la traduction et les remarques de Madame Dacier. *Rotterdam, G. Fritsch*, 1717 ; 3 vol. pet. in-8, mar. rouge, dos orn., fil., dent. int., tr. dor. (*Rel. anc.*). 500 fr.

Orné de 1 fleuron sur le titre du premier vol., 1 front. par *Bernard Picart*, 1 vignette avec le portrait de Térence au trait, et 48 figures par *Bernard Picart*, au trait, représentant des masques de théâtre et des scènes de pièces.
Aux armes de Madame la MARQUISE DE POMPADOUR.
On lit sur les plats : « Menus plaisirs ».

1498. **Testament**. Histoire du vieux et du nouveau testament, représenté avec des figures par Royaumont. *Paris, Thierry*, 1646 ; in-4, mar. rouge, dos orné, dent., tr. dor. (*Rel. anc.*). 60 fr.

Aux armes. Titre déchiré.

1499. **Testament** (Nouveau). Version du nouveau Testament selon la Vulgate, par le P. Amelotte. Nouvelle édition revue et corrigée. *Paris, Mazières et Garnier*, 1738 ; 2 vol. in-12, mar. citron, dos orné, fil., tr. dor. (*Rel. anc.*). 250 fr.

Bel exemplaire aux armes du cardinal DE ROHAN.

1500. **Théophile de Viau**. Les Œuvres de Théophile, divisées en trois parties... Reveuës et corrigées en cette dernière édition. *Paris, Nicolas Pepingué*, 1662 ; 2 parties en 1 vol. in-12, mar. rouge, fil. à froid (*Bauzonnet-Trautz*). 75 fr.

Bel exemplaire d'une édition estimée.

1501. **Théorie** de la manœuvre des vaisseaux (par le chevalier Bernard Renau d'Eliçagaray, rédigée par Jos. Sauveur). *Paris, E. Michallet*, 1689 ; in-8, veau. 35 fr.

Joli titre et 26 planches gravés par *P. Ertinger*.

1502. **Thierry** (Augustin). Œuvres. *Paris, Furne*, 1851 ; 4 vol. in-8, portr., demi-rel. chagrin vert. 12 fr.

Histoire de la Conquête d'Angleterre par les Normands, 2 vol. — Lettres sur l'histoire de France. — Récits des temps mérovingiens.

1503. **Thierry** (Aug.). Les Récits des temps mérovingiens, 42 dessins de Jean-Paul Laurens, reproduits par les procédés de MM. Goupil et Cie. *Paris, Hachette et Cie*,

1881 ; 7 fasc. gr. in-fol. en cartons. 150 fr.

N° 90 des 120 exemplaires tirés sur PAPIER DE HOLLANDE. Publié à 525 fr.

1504. **Tomasinus**. Jacobi Philippi Tomasini, Petrarcha redivivus, integram poetæ celeberrimi vitam iconibus ære cælatis exhibens, accessit Lauræ brevis historia. *Patavii, Frambotti*, 1650 ; in-4, front., portr. et fig., veau. 20 fr.

Deuxième édition. Très curieuses figures sur cuivre par *Gio. Georgi.*

1505. **Touchatout**. Le Trombinoscope. *Paris, chez tous les libraires*, 1882 ; in-4, demi-rel. perc. verte, éb. 10 fr.

Collection des 99 premiers numéros de ce journal satirique. Chaque numéro contient la biographie d'une célébrité contemporaine avec un portrait-charge de *Moloch* colorié.

1506. **Tressan**. Histoire de Gérard de Nevers et de la belle Euriant sa mie. *Paris, impr. de Didot jeune*, 1792 ; pet. in-12, veau racine, dos orné, dent., tr. dor. (*Rel. anc.*) 20 fr.

4 figures de *Moreau*, gravées par *Dupréel, de Ghendt, Malbeste* et *Simonet*. Exemplaire tiré sur PAPIER VÉLIN.

1507. **Tressan**. Histoire de Gérard de Nevers et de la belle Euriant, sa mie. *Paris, Dufort*, 1796 ; in-12, cart., *non rogné*. 10 fr.

4 figures de *Moreau le jeune*.

1508. **Vadé**. La Pipe cassée, poème épitragipoissardihéroïcomique. *Paris, Leclère*, 1866 ; in-8, demi-rel. dos et coins de mar. vert, tr. dor., *non rogné*. 8 fr.

Exemplaire sur PAPIER DE CHINE, illustré de jolies figures en-tête. Rare.

1509. **Vignole**. Nouveau livre des cinq Ordres d'Architecture, par Jacques Barrozio de Vignola, enrichi de différents morceaux de menuiserie. *Paris, Le Père et Avaulez*, 1776 ; in-8, cart. 6 fr.

80 pages gravées comprenant un frontispice, un titre et les modèles des ordres, plus 6 planches : menuiserie, profils, charpenterie, arcs doubleaux, portes et serrurerie.

1510. **Voltaire**. La Henriade, nouvelle édition. *Paris, Vve Duchesne Saillant*, 1770 ; 2 vol. in-8, veau écaille, dos orné, fil., tr. dor. (*Rel. anc.*). 35 fr.

Un frontispice, un titre gravé, 10 figures et 10 vignettes dessinées par *Eisen*, gravées par *de Longueil*. Bonnes épreuves.

1511. **Voltaire**. La Henriade, poème, orné de dessins lithographiques. *Paris, Dubois*, 1825 ; in-fol., demi-rel. dos et coins de mar. rouge, dos orné, éb. (*Bibolet*). 60 fr.

Belle édition illustrée de 87 lithographies, comprenant : un frontispice par *Girardet*, 69 portraits de *Mauzaisse* et 18 figures par *Horace Vernet*.

1512. **Voltaire**. Poésies, poèmes et discours. *Paris impr. de Didot l'aîné*, 1823 ; 5 vol. in-8, demi-rel. dos et coins de mar. vert, tête dor., éb. (*Masson-Debonnelle*). 45 fr.

PAPIER VÉLIN. Bel exemplaire auquel il a été ajouté 21 portraits par différents artistes, quelques-uns par *de Saint-Aubin*.

1513. **Voltaire**. La Pucelle d'Orléans, poème en vingt-et-un chants. Édition ornée de figures gravées par les meilleurs artistes de Paris. *Paris, Didot*, 1795 ; 2 vol. in-4, portr. et fig., cart., *non rog*. 200 fr.

Très bel exemplaire en GRAND PAPIER VÉLIN, avec la suite des figures de *Marillier, Monsiau, Le Barbier, Monnet*, et le portrait de Jeanne d'Arc par *Gaucher*, en double état, AVANT LA LETTRE et avec la lettre.

Le Propriétaire-Gérant : THÉOPHILE BELIN.

TABLEAUX ET AQUARELLES MODERNES

Œuvres de A. Willette, Léon Detroy, etc.

ESTAMPES DE DELLA BELLA

LA PLUPART SANS TEXTE

1514. AGRÉABLE DIVERSITÉ de figures. *Paris, chez Israël, Hénriette,* 1642 ; 11 pièces. 15 fr.

1515. ATTACO del forte posto di Longono, 1650 ; 1 pièce. 5 fr.

1516. CAPRICE, mis en lumière par Israël ; 10 pièces. 12 fr.

1517. CASTELLO SAN ANGELO ; 1 pièce. 5 fr.

1518. CHASSES DIVERSES ; 9 pièces. — La belle chasseresse ; 1 pièce. Ensemble 10 pièces. 15 fr.

1519. DESSEINS de quelques conduites de troupes, et attaques de villes ; 12 pièces gravées par Israël. 20 fr.

1520. DIVERS EMBARQUEMENTS, mis en lumière par Israël ; 8 pièces. 10 fr.

1521. DIVERSE FIGURE ET PAÉSIES, 1649 ; 8 pièces. 10 fr.

1522. DIVERSES PAISASES, mis en lumière par Israël ; 12 pièces. 15 fr.

1523. DIVERSI ANIMALI. *A Paris, chez Mariette ;* 24 pièces. — Aigles ; 5 pièces. Ensemble 29 pièces. 20 fr.

1524. DIVERSI CAPRICCI ; 18 pièces. 20 fr.

1525. EMBLÈMES FUNÉRAIRES ; 8 pièces. 10 fr.

1526. ENTRATA IN ROMA dell' eccel^mo^ Ambasciatore di Pollonia l'anno 1633 ; 6 pièces. 10 fr.

1527. FESTIN dans la salle du Grand Duc, 1627 ; 1 pièce. 5 fr.

1528. FRISES, FEUILLAGES ET GROTESQUES ; 8 pièces gravées par Collignon. — Ornaments o grottesche ; 7 pièces. — 1 cartouche. Ens. 16 pièces. 15 fr.

1529. IL COSMO o vero l'Italia trionfante ; 1 pièce. 3 fr.

1530. MARINES, 6 grandes, 6 petites. Ensemble 12 pièces. 12 fr.

1531. MAURES ET HONGROIS A CHEVAL ; 10 pièces. 15 fr.

1532. LES MORTS ; 5 pièces. — La mort à cheval, contemplant un champ de bataille ; 1 pièce. Ens. 6 pièces. 12 fr,

1533. NOUVELLES INVENTIONS de Cartouches. *Paris, veuve Langlois,* 1647 ; 12 pièces. 15 fr.

1534. ORNAMENT di Fregi et figliami. *A Paris, chez N. Langlois ;* 16 pièces. 12 fr.

1535. PAISAGES MARITIMES, mis en lumière par Israël ; 7 pièces. 10 fr.

1536. PAYSAGES, 2 séries de 8 et 4 pièces. Ensemble 12 pièces. 15 fr.

1537. LA PERSPECTIVE du Pont-Neuf de Paris, 1646 ; 1 pièce. 15 fr.

1538. 12 PIÈCES DIVERSES. 15 fr.

Enfant enseignant un chien — Enfant portant un chien — Enfant sous un grand masque — Femme embrassant un enfant — Femme arrêtant un taureau — Femme assise (2 pièces) — Matelots assis (2 pièces) debouts (2 pièces) — Guerrier enlevant une femme.

1539. 18 PIÈCES pour l'art de pourtraicture. 20 fr.

1540. PRINCIPII DEL DISEGNO. *A Paris, chez Mariette ;* 34 pièces. 20 fr.

1541. PLUSIEURS TESTES COIFFÉES A LA PERSIENNE, 1650 ; 9 pièces. 15 fr.

1542. PORTRAIT en médaillon de Franciscus, prince d'Etrurie ; 1 pièce. 5 fr.

1543. RACCOLTA di vasi diversi ; 6 pièces gravées par Mariette. 15 fr.

1544. RECUEIL de divers caprices et nouvelles inventions mises au jour par le Sr E. de la Belle, dessignées et gravées par le mesme autheur. *Paris, chez F. Langlois,* 1646 ; 18 pièces. 40 fr.

Superbe collection de cartouches et ornements.

1545. RECUEIL de divers griffonnements et preuves d'eau-forte ; 35 pièces. 25 fr

1546. REPOSOIR DE TUBŒUF ; 1 pièce 5 fr

1547. 3 SÉRIES de paysages en ronds de 6 pièces chacune. Ens. 18 pièces. 30 fr.

1548. SCÈNES DE THÉATRE ; 8 pièces. 10 fr.

1549. SOLDATS ; 3 pièces. — Canons, 2 pièces. — Scènes de batailles, 3 pièces. — Forteresse, 1 pièce. Ens. 9 pièces. 10 fr.

1550. SUJETS RELIGIEUX ; 14 pièces. 25 fr.

Madones, 6 pièces — Fuite en Égypte, 3 pièces. — Saint Jean, 4 pièces. — Voyage de Jacob, 1 pièce.

1551. TÊTES de turc et de nègres ; 9 pièces. 15 fr.

1552. VARIE FIGURE di Stef. della Bella, Ciartres excud. ; 8 pièces. 8 fr.

1553. VASE MÉDICIS et ruines de Rome, 6 planches (1656). 10 fr.

1554. VUES des jardins de Pratolino ; 5 pièces. 15 fr.

1555. VUES du port de Livourne, 1655 ; 6 pièces. 15 fr.

Châteaudun. — Imprimerie de la Société Typographique (*Téléphone*).

www.ingramcontent.com/pod-product-compliance
Lightning Source LLC
LaVergne TN
LVHW010107230826
846091LV00005B/2131

* 9 7 8 2 3 2 9 6 6 2 0 5 3 *